최소한의
세금공부

매일경제신문사

| 머리말 |

당신의 세금은 안녕하십니까? 혹시 세금 억울하게 더 많이 내고 있진 않으신가요? 2024년 기준 과오납 국세 환급액은 7조 원을 훌쩍 넘었습니다. 즉, 다양한 사유로 불필요하게 많이 냈던 세금이 무려 7조 원에 달한다는 뜻입니다. 자신이 과오납했는지조차 모르는 사람까지 고려한다면, 억울하게 세금을 더 낸 경우는 훨씬 많을 것입니다.

우리는 살아가면서 수많은 세금을 냅니다. 월급을 받을 때, 커피 한 잔을 마실 때, 집을 사고팔 때도 세금은 발생합니다. 하지만 내가 제대로 세금을 내고 있는지 진지하게 고민하거나 공부해본 사람은 많지 않습니다. 때로는 일상생활에서 세금을 내고 있다는 사실조차 인식하지 못하는 경우도 의외로 많이 있습니다.

내가 어떤 세금을 내고 있는지, 그리고 억울하게 더 내고 있지는 않은지 확인하기 위해서는 반드시 세금 공부를 해야 합니다. 10년 넘게 수천 건의 세무 업무를 처리하며, 불필요하게 세금을 많이 낸 분들을 볼 때마다 그렇게 안타까울 수 없었습니다. 세금이 복잡하고 어렵다고 하지만, 누구나 조금만 시간을 투자하면 기본적인 세금 상식은 갖출 수 있습니다.

세금은 전 생애주기에 걸쳐 누구에게나 적용됩니다. 다만 연령대별 관심이 있는 세금의 종류는 다를 수 있습니다. 이 책에서는 생애주기에 따라 관심을 가질 세금을 순서대로 정리했습니다. 학생, 직장인, 사업자, 투자자, 은퇴자, 그리고 자녀에게 재산을 물려주려는 부모님까지. 방대한 세법 중에서 절세를 위해 꼭 알아야 할 핵심적인 내용만을 엄선하여 담았습니다. 또한 실생활에서 흔히 발생할 수 있는 사례들을 통해 누구나 쉽게 이해하고 공감할 수 있도록 설명했습니다. 특히 부자나 고액 자산가가 아닌 평범한 중산층과 세금을 잘 모르는 세금 초보자를 염두에 두고 집필했습니다.

한 가족 안에서도 각자 관심이 있는 세금 분야는 다를 수 있습니다. 취업한 자녀는 연말정산이나 재테크 관련 세금에, 부모님은 부동산 관련 세금이나 상속, 증여세에 더 관심이 있을 것입니다. 상황에 맞는 세금 이슈가 생길 때마다, 해당 장을 찾아 참고하시면 효율적입니다. 세법은 매년 개정됩니다. 2025년 현재도 상속세와 부동산 관련 세금 개편논의가 진행 중입니다. 개편될 내용을 모두 담기에는 한계가 있기에 핵심적인 세금의 원칙과 개념을 중심으로 서술했습니다.

이 책을 통해 독자 여러분은 '세금 상식'이라는 강력한 무기를 얻게 될 것입니다. 나아가 세금 앞에서 더 이상 어려워하지 않을 용기 또한 덤으로 얻게 될 것입니다. 이 무기를 잘 활용하여 여러분도 내 돈을 현명하게 지켜내시길 바랍니다.

조 문 교

차례

머리말 | *04*

1장 알면 알수록 줄어드는 세금

우리의 인생에 세금은 반드시 따라온다 | *10*
세금의 종류가 이렇게 많았다고? | *14*
알쏭달쏭 헷갈리는 세금용어들 | *20*
학생인 저도 성실한 납세자입니다만 | *30*
군대 가서 받은 월급도 세금 낼까? 비과세와 면세 | *36*
증세 vs 감세, 무엇이 정의인가? | *41*

2장 직장인이 알아야 할 세금 상식

첫 월급을 받았다, 세금은 어떻게 계산될까? | *50*
연말정산과 종합소득세 신고와의 긴밀한 관계 | *60*
연봉 1억 원이면 세금 얼마나 낼까? | *67*
직장인이 봉인가! 연말정산 환급 잘 받는 노하우 | *75*
투잡해서 추가 소득이 생겼을 때 세금처리 | *88*

3장 재테크할 때 알아야 할 세금 상식

적금, 펀드? 재테크의 기본은 세금이다 | *98*
절세고수는 어떤 금융상품에 가입할까? | *107*
국내주식투자 vs 해외주식투자, 세금 차이가 있을까? | *114*
비트코인 하려면 지금 해야 한다, 비트코인 과세유예 | *121*
연금저축계좌와 연금보험은 어떻게 다를까? | *127*

4장 부동산을 거래할 때 알아야 할 세금 상식

부동산이 있으면 꼭 알아야 할 세금들 | 136
이사하며 양도소득세 비과세 적용받는 방법 | 150
아는 사람만 아는 양도소득세 절세방법 | 159
다주택자가 됐다면? 최소한 중과만은 피하자 | 167
임대소득이 발생하면 무조건 세금 내는 걸까? | 174

5장 은퇴자가 알아야 할 세금 상식

퇴직소득세가 근로소득세보다 적은 이유 | 186
퇴직연금의 종류와 유리한 방법은? | 192
국민연금, 공무원연금은 어떻게 과세될까? | 198
국민연금만으로는 안 된다! 주택연금 받으면 세금은 어떻게 될까? | 206
자식들이 주는 용돈도 과세될까? | 212

6장 재산을 물려줄 때 알아야 할 세금 상식

재산 물려줄 때 꼭 알아야 하는 세금들 | 218
자식에게 부동산 주는 기술, 부담부증여와 저가양도 | 229
증여세가 발생하는 다양한 경우들 | 240
자금출처조사 나도 걸릴까? | 247
상속세, 증여세 절세 노하우 10가지 | 253

7장 사업자가 알아야 할 세금 상식

사업을 하면 꼭 알아야 하는 세금 3가지 | 266
개인사업자 vs 법인사업자 무엇이 유리할까? | 276
모르면 손해인 사업자 절세 노하우 | 284
사업용차, 페라리 타도 괜찮을까? | 297

1장

%

알면 알수록
줄어드는 세금

우리의 인생에
세금은 반드시 따라온다

'첫 월급을 받고 기뻐했던 순간, 오랜 기간 부었던 적금을 타던 순간, 첫 차를 사서 애지중지했던 순간, 태어날 아기를 위해 예쁜 옷과 유모차를 준비하던 순간, 무주택의 설움을 딛고 처음 내 집을 마련했던 순간'

우리와 같이 평범한 사람들이 살면서 겪는 순간들이다. 이렇게 평생 잊을 수 없는 기쁘고 행복한 순간에도 세금은 슬며시 따라온다. 기쁜 순간에만 세금이 따라오는 건 아니다. 세금은 냉정하다. 인생에서 가장 슬펐던 순간에도 세금은 따라온다.

'사랑하는 부모님이 돌아가셔서 상속받았던 순간, 오래 다니던 직장에서 명예퇴직해 퇴직금을 받았던 순간, 사업에 실패한 친구와 밤늦도록 술잔을 기울이던 순간, 가까웠던 사람에게 배신을 당

해 쓰린 속을 달래려 끊었던 담배를 다시 피는 순간'

이처럼 우리가 원하든 원치 않든 세금은 우리의 희로애락을 같이하고 있다. 지금 당신은 인생의 어떤 순간이 떠오르는가?

세금은 그림자다

세금은 마치 그림자처럼, 공기처럼 우리 삶에 녹아 있다. 유년기에서 노년기까지 인생의 생애주기를 지나며 일어나는 많은 대소사에 세금은 늘 발생한다. 그런데 우리는 얼마나 세금에 대한 상식이 있을까? 이런 순간에 세금이 있다는 걸 인지하고 있는가? 세금은 늘 우리 곁에 있지만 관심이 없으면 존재하는지도 모른다. 과세관청에서 고지서가 날아오는 것만 세금의 전부가 아니다.

누구나 세금을 어려워하고 싫어한다. 칼을 들지는 않았지만 복잡한 숫자와 세법을 무기로 우리의 돈을 떼가고 있다. 우리도 상식이라는 방패를 갖춰야 억울하게 당하지 않을 수 있다. 세금은 아는 만큼 보인다. 인간이 만든 대부분의 것에는 다 세금이 포함되어 있다. 지금 주위를 둘러보라. 뭐가 보이는가? 마치 홀로그램처럼 모든 사물에 붙은 세금이 보이지 않는가?

우리나라 헌법 제38조에 '모든 국민은 법률이 정하는 바에 의하여 납세의 의무를 진다'고 선언되어 있다. 따라서 세금을 납부하는 것은 우리의 의무다. 하지만 많은 사람이 세금 내는 것을 즐거워하지 않는다. 내 돈을 가져갔는데 나에게 돌아오는 편익이 직접적이고 개별적이지 않기 때문이다. 우리가 낸 세금은 다 어디로 갈까?

국가 재정에 세금이 필요하다는 것은 누구나 상식적으로 알고 있다. 우리가 낸 세금으로 사회에 필요한 국방과 치안, 교육과 보건 그리고 각종 사회기반시설을 생산한다. 이런 공공재들은 삶에 반드시 필요하지만 나만 사용하는 게 아니기에 남들보다 세금을 더 많이 내고 싶은 사람은 없을 것이다. 또한 직접적으로 혜택을 보지 못할 수 있다. 멀리 떨어진 지역에 다리를 건설하는 데 내 돈을 보태고 싶지는 않을 것이다.

하지만 국가는 언제나 돈이 필요하다. 역사적으로 보아도 예전부터 국가는 어떻게든 세금을 거두려고 했고, 국민들은 어떻게든 세금을 덜 내려고 했다. 역사는 늘 반복됐다. 그런 과정에서 세법은 진화했다. 세금을 잘 거둘 수 있게 더욱 정교해졌고 더욱 촘촘해졌다.

세금 없는 세상은 행복할까?

가끔 세금 없는 세상을 상상해본다. 정말 우리는 행복할 것인가? 하지만 실제 그런 세상이 온다면 절대 행복하지 않을 것이다. 세금이 없으면 국가도 없다. 무정부상태가 되어 안보와 치안 등 모든 국가의 기능이 마비될 것이다. 다시 원시사회로 돌아가 결국 약육강식의 세상이 될 것이다. 마치 SF영화처럼 미래의 삭막하고 황폐해진 세상에서 살아남기 위해 홀로 몸부림치거나 자경단에 들어가 남들을 약탈하며 살 것이다. 아무도 그런 세상을 원하지 않을 것이다. 많은 사람이 안전하고 행복하게 살기 위해 우리가 세금을 내어 이 국가체제를 유지해야 한다. 누가 그랬던가? 세상은 아름답다고. 어쩌면 우리가 사는 세상은 세금이 있기에 아름다운 것일 수도 있다.

그러면 이왕 세금을 낼 거라면 좀 더 행복해질 수는 없을까? 그러려면 우선 개인들이 세금을 잘 알아야 한다. 우리가 살면서 어떤 세금을 내는지 알아야 하고, 어떻게 하면 세금을 줄일 수 있는지 알아야 한다. 불법적인 탈세는 하면 안 되겠지만 불필요하게 세금을 더 낼 필요는 없다. 합법적 범위 안에서 세금을 줄일 수 있는 방법은 없는지 스스로 공부해야 한다. 결국 세금을 내면서 행복하려면 남들보다 불필요하게 더 내지 않아야 하고 내가 낸 세금이 꼭 필요한 곳에 사용되도록 해야 한다.

세금의 종류가 이렇게 많았다고?

앞에서 보았던 인생의 잊지 못할 순간에는 구체적으로 어떤 세금이 따라올까? 첫 월급을 받으면 '근로소득세'가 부과되고, 오랜 기간 부었던 적금을 타면 '이자소득세'가 부과되고, 첫 차를 사면 '취등록세'가 부과되고, 사랑하는 아기를 위해 예쁜 옷과 유모차를 사면 '부가가치세'가 부과되고, 무주택의 설움을 딛고 처음 내 집을 구매하면 '취득세'가 부과된다.

또한 사랑하는 부모님이 돌아가셔서 상속받으면 '상속세'가 부과되고, 오래 다니던 직장에서 명예퇴직해 퇴직금을 받으면 '퇴직소득세'가 부과되고, 사업에 실패한 친구와 밤늦도록 술잔을 기울이면 '주세'가 부과되고, 가까웠던 사람에게 배신을 당해 쓰린 속을 달래려 끊었던 담배를 다시 피면 '담배소비세'가 부과된다.

이렇듯 우리 삶의 매 순간 세금은 따라 다니지만 그 얼굴은 정말 다양하다. 다 같은 세금처럼 보이는데 이름만 다르게 하여 여기에도 부과되고 저기에도 부과되는 것 같다. 우리나라의 세금은 도대체 몇 가지일까?

우리나라 세금의 종류와 과세대상

우리나라 세금의 종류는 총 25가지다. 바로 국세 14개와 지방세 11개다. 다 같은 세금이지만 정말 다양한 종류가 있다. 여기서 국세와 지방세는 과세권한이 누구에게 있는지에 따라 구분된다. 과세권이 중앙정부에 있다면 국세로, 지방자치단체에 있다면 지방세로 분류된다. 우리가 흔히 아는 소득세·부가가치세·법인세 등은 국세이기에 국세청이나 세무서에 신고·납부하고, 재산세·취득세·자동차세 등은 지방세이기에 시청이나 구청 등 지방자치단체에 신고·납부하게 된다.

이렇게 거둬들인 국세는 중앙정부재정으로, 지방세는 지방재정으로 편입되어 사용된다. 중앙재정은 국방·치안·교육·경제개발 등 여러 공공사업에 사용되고, 지방재정은 지방자치단체의 운영과 발전에 사용된다. 상대적으로 부자인 지방자치단체도 있고 상대적으로 가난한 지방자치단체도 있다. 예를 들어, 서울 강남구와 서울 강북구의 수입은 꽤 많은 차이가 난다. 상대적으로 수입이 적은 지방자치단체에 사는 주민들은 돌아오는 편익이 적으니 불리해진다. 그러면 부자 동네로 이사 가려는 사람들이 많아지게 되고 그 지역

현행 우리나라 조세종류

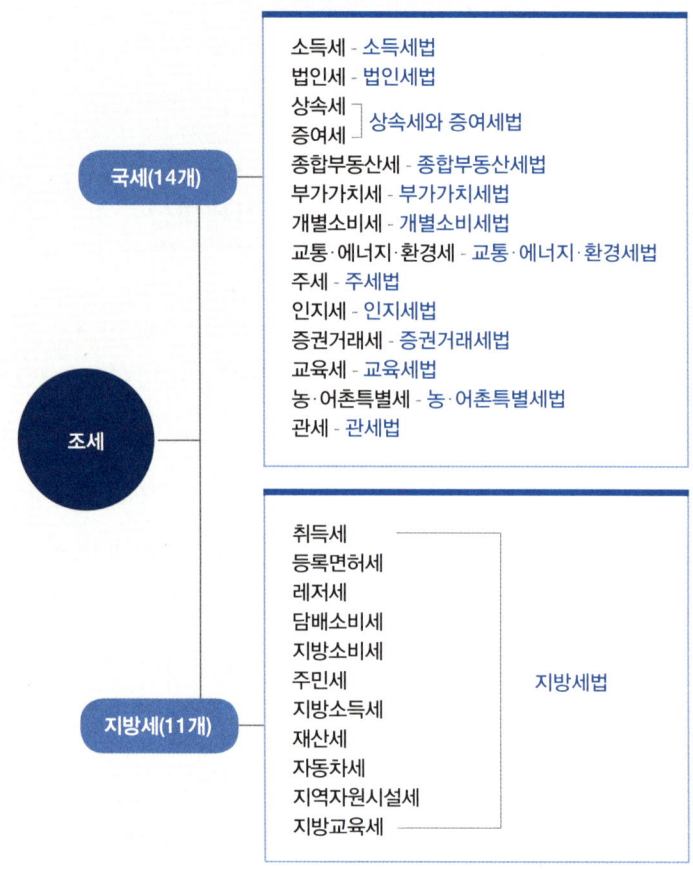

출처: 한국조세재정연구원 홈페이지

인원만 계속 늘어나 불균형은 더욱 심해지게 된다. 따라서 지방자치단체 간의 격차를 줄이기 위해 국세 중 일정액을 지방자치단체에 교부하기도 한다. 이것을 지방교부세라고 한다.

'무엇을 과세대상으로 할까?' 즉, 누구에게 어떤 명목으로 세금을 부과할 것인지는 우리 역사와 함께한 아주 오래된 고민이다. 많은 사람들이 동의하는 대상에게 합리적인 방법으로 세금을 거두어야 한다. 세금을 여기저기 마구 부과하면 국민들 불만이 커져 국가 체제가 위태로울 수도 있다. 현행 세법에서 세금은 소득과 재산에 부과되기도 하지만 소비할 때도 부과된다.

우리는 돈을 벌면 세금을 낸다. '소득이 있는 곳에 세금이 있다'는 세금부과 시 가장 흔히 사용되는 문구다. 소득에 부과되는 대표적인 세금은 소득세, 법인세, 지방소득세가 있다. 재산에 대한 세금도 낸다. 이런 재산에 대한 세금은 상속세 및 증여세, 재산세, 종합부동산세가 있다. 따라서 재산을 보유하거나 이전하는 것만으로도 세금을 납부하게 된다. 또 우리는 매일 무엇인가를 소비하며 산다. 옷도 사 입고 밥도 사 먹고 다양한 물건을 살 때마다 우리는 매일 소비세를 내고 있다. 소비에 대한 세금은 부가가치세, 주세, 개별소비세, 관세, 교통·에너지·환경세가 있다.

세금징수의 기술

그럼 왜 이렇게 세금 종류를 다양하게 만들어 놓은 것일까? 재정운영을 위한 재원이 필요하다면 소수의 세금만 만들어 집중적으로 거두어도 되지 않을까? 하지만 그렇게 세금을 징수한다면 조세저항이 무척 심해질 것이다. 우리는 누구나 세금 내는 것을 싫어한다. 만약 하나의 세목으로 왕창 세금을 부과하면 본인이 얼마나 세금을 부담하는지 바로 체감할 것이고 불만이 엄청 커질 것이다. 세금 종류를 좀 더 세분화하고, 세금부담을 분산하며, 때로는 알게 모르게 세금을 부과하면 조세저항이 그만큼 적어지는 것이다. 이 것이 바로 세금징수의 기술이다.

세금은 보통세와 목적세로 구분할 수도 있다. 보통세는 세금을 징수하여 일반경비에 충당하는 것이며 목적세는 특정 지출을 목적으로 징수하는 세금이다. 국세와 지방세의 대부분은 보통세이지만 교육세와 교통·에너지·환경세, 농어촌특별세는 목적세다. 미래를 위한 교육과 환경 그리고 농어촌을 지키고 발전시키기 위한 명목으로 별도의 세금을 거두면 좀 더 좋은 구실이 될 수도 있다. 좋은 일을 위해 세금을 거둔다는데 누가 격렬히 반대할 것인가? 이런 세금징수의 기술도 사용할 만하지 않은가?

세금은 직접세와 간접세로 구분할 수도 있다. 직접세는 납세의무자인 내가 세금을 부담하는 것이고 간접세는 납세의무자가 아닌 사람이 부담하는 것이다. 직접세의 대표적인 예는 소득세다. 내가 돈을 벌면 내가 세금을 내야 한다. 따라서 내가 세금을 내는지 아닌지 명확하고 스스로 인지하기 쉽다.

간접세의 대표적인 예는 부가가치세다. 부가가치세는 최종소비자가 세금을 부담한다. 그런데 부가가치세의 납부의무는 재화나 서비스를 제공하는 사업자에게 있다. 우리가 사 먹는 음식·커피, 우리가 구매하는 컴퓨터·TV 그리고 우리가 이용하는 미용실·필라테스 학원 등 우리 주변의 모든 물건과 서비스에는 부가가치세가 포함되어 있다. 구매행위가 이루어질 때마다 소비자인 우리가 세금을 내고 있는 것이다. 하지만 간접세는 물품가격에 이미 포함되어 있기에 우리가 세금을 내고 있는지 잘 인지하지 못한다. 이것도 세금징수의 기술이다.

이런 이유로 간접세는 증세했을 때 조세저항이 낮은 세금이기도 하다. 소득세와 같은 직접세는 증세를 하면 인지하기 쉬워서 반발이 심할 수 있다. 부가가치세는 물품가격에 포함되어 있기에 단지 물가가 올랐다고 느낄 수도 있다. 현재 우리나라 부가가치세율은 10%지만 모든 나라의 부가가치세율이 10%는 아니다. OECD 국가의 평균 부가가치세율은 19%다. 따라서 추가 세수마련을 위해 언제든지 부가가치세율을 높일 수도 있다.

알쏭달쏭 헷갈리는 세금용어들

"수입금액과 소득금액은 같은 의미 아닌가요? 소득공제는 뭐고 세액공제는 또 뭔가요?"

세금을 공부하다보면 헷갈리는 세금용어들이 많다. 악기를 배울 때 악보 읽는 법부터 배워야 하듯 세금을 잘 이해하려면 먼저 세금용어들을 알아야 한다. 비슷비슷한 것처럼 보이지만 다른 의미를 지닌 단어가 많이 있다. 애물단지 같은 세금을 잘 이해하고 절세하기 위해서는 우선 세금용어부터 제대로 알고 가보자.

기본적인 세금용어들

거주자 vs 비거주자

손흥민 선수와 같이 외국으로 진출한 사람의 과세방식은 우리와 같을까? 세법은 거주자와 비거주자로 나누어 과세범위와 과세방법을 달리한다. 쉽게 말해 거주자는 우리나라에 거주하는 사람이고 비거주자는 우리나라에 거주하지 않는 사람이다. 이 구분은 국적에 따른 구분이 아니다. 외국인이라고 하더라도 우리나라에 주소가 있거나 거소를 가지고 183일 이상 거주한다면 거주자로 보아 세법을 적용한다.

한국인이더라도 국내에 주소가 없거나 1년 이상 국외 거주할 직업을 가진다면 비거주자가 된다. 거주자는 국내외 모든 소득에 대해 과세되지만 비거주자는 국내에서 발생한 소득만 과세가 된다. 또한 세금 계산방식도 다르다. 예를 들어, 거주자와 달리 비거주자 양도소득세 계산 시에는 1세대1주택 비과세를 적용해주지 않는다.

과세기간 vs 신고기간(기한)

세금부과의 대상이 되는 기간을 과세기간이라고 한다. 신고기간은 세금을 신고하고 납부해야 하는 기간을 말한다. 예를 들어, 소득세의 과세기간은 1월부터 12월이다. 이 기간 동안 발생한 소득이 과세대상이 된다. 납세자는 이 기간의 소득에 대한 세금을 계산하여 다음 해 5월 1~31일까지 신고해야 한다. 이것이 신고기간이다.

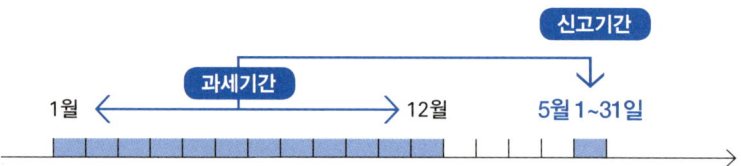

부과고지 vs 신고납부

어떤 세금은 내가 직접 신고해야 하지만 어떤 세금은 가만히 있어도 고지서가 날아온다. 세금의 징수방식은 신고납부와 부과고지 방식으로 나눌 수 있다. 세금을 '신고'하느냐 '부과'하느냐의 차이다. 신고해야 하는 세금을 만약 기한 내 신고하지 않으면 가산세가 부과되어 더 많은 세금을 납부하게 된다. 소득세, 법인세, 부가가치세 등 우리가 아는 많은 세금이 신고납부 방식에 해당한다. 과세대상과 경비 등을 과세관청이 일일이 파악하기 어렵기에 납세자에게 직접 신고하도록 의무를 부과했다.

부과고지 방식은 납세의무자가 직접 신고할 필요 없이 과세관청에서 세금을 계산하여 고지를 한다. 따라서 납세자는 고지된 세금을 납부만 하면 된다. 이런 세금에는 재산세, 자동차세, 주민세, 종합부동산세 등이 있다. 과세가액이 명확하고 경비를 고려할 필요가 없기에 일괄적으로 고지해도 문제가 없다. 다만 종합부동산세는 납세자가 가만히 있어도 부과고지되지만, 고지된 내용이 사실과 다르거나 합산배제 신청을 못한 경우 납세자가 스스로 신고납부할 수도 있다.

정기신고 vs 기한후신고 vs 경정청구 vs 수정신고

세금을 신고하는 행위는 같지만 불리는 이름이 다양하다. 소득세와 같이 납세의무자가 신고납부해야 하는 세금은 신고기한이 정해져 있다. 기한 내에 신고하는 것을 '정기신고'라고 하고 기한을 넘겨서 신고하는 것을 '기한후신고'라고 한다. 기한 내에 신고를 하지 못하면 무신고가 되어 무신고 가산세가 발생한다.

경정청구와 수정신고 모두 기존 세금신고를 바로잡아 다시 신고하는 행위를 말한다. 기존에 납부한 세액이 본래 납부할 세액보다 많아서 다시 제대로 신고해 세금을 돌려받는 것을 '경정청구'라고 한다. 매출을 과다하게 신고했거나 경비를 과소하게 신고하거나 세액공제, 감면을 누락한 경우에 경정청구 사유가 발생한다. 반대로 기존에 납부한 세액이 본래 납부할 세액보다 적어서 제대로 신고해 세금을 추가 납부하는 것을 '수정신고'라고 한다. 매출을 적게 신고하거나, 경비를 과다하게 신고하거나, 적용하지 말아야 할 세액공제·감면을 적용한 경우에 수정신고 사유가 발생한다.

단순누진세 vs 초과누진세

세금계산 방식을 잘 이해해야 내가 얼마의 세금을 내야 하는지 알 수 있다. 이렇게 물어보는 사람들이 있다. "제가 이번에 소득이 1억 원 발생했는데, 세율표를 보니 35% 구간이더라고요. 그러면 3,500만 원 세금을 내야 하는 거예요?"

비례세와 달리 누진세는 과세표준의 크기가 커질수록 높은 세율이 적용된다. 누진세는 다시 단순누진세와 초과누진세로 나누어

1주택자 취득세율

대상	취득가액	세율
1주택자	6억 원 이하	1%
	6억 원 초과 ~ 9억 원 이하	1.01 ~ 2.99%
	9억 원 초과	3%

진다. 단순누진세는 과세표준이 증가함에 따라 높아지는 세율을 과세표준 전체에 적용하는 것이고, 초과누진세율은 과세표준을 단계별로 구분해 각 단계에 해당하는 세율을 적용하여 합산하는 것을 말한다. 단순누진세의 대표적인 예는 취득세다. 1주택자의 취득세는 과세표준에 따라 3단계의 세율구간으로 나뉜다. 만약 1주택자가 10억 원의 아파트를 취득하면 3%의 세율이 적용된다. 이때 취득세는 10억 원 전체에 3%의 세율이 적용되어 3,000만 원의 취득세가 계산된다. 이것이 단순누진세 방식이다.

초과누진세가 적용되는 대표적인 예는 소득세다. 만약 소득세 과세표준이 5,000만 원이라면 15%의 세율이 적용된다. 하지만 5,000만 원 전체에 대해 15%가 적용되는 것이 아니라 1,400만 원까지는 6%의 세율이 적용되고 1,400만 원을 초과한 부분, 즉 3,600만 원(5,000만 원-1,400만 원)만 15%의 세율이 적용된다. 구간별 세율을 적용한 금액을 각각 계산하여 합치면 산출세액 624만 원(84만 원 + 540만 원)이 나오게 된다. 좀 더 편하게 세금을 계산하려면 누진공제를 사용하면 된다. 5,000만 원에 15%를 곱한 후 126만 원을 차감하면 동일하게 624만 원으로 세금이 계산된다.

2025년 소득세율

과세표준	세율	누진공제
1,400만 원 이하	6%	-
1,400만 원 초과~5,000만 원 이하	15%	126만 원
5,000만 원 초과~8,800만 원 이하	24%	576만 원
8.800만 원 초과~1억 5,000만 원 이하	35%	1,544만 원
1억 5,000만 원 초과~3억 원 이하	38%	1,994만 원
3억 원 초과~5억 원 이하	40%	2,594만 원
5억 원 초과~10억 원 이하	42%	3,594만 원
10억 원 초과	45%	6,594만 원

부가가치세 vs 부가세

부가가치세와 부가세는 다르다. 부가가치세value-added tax는 사업자가 창출한 부가가치에 부과되는 세금이다. 우리나라 25가지 세금 중 하나다. 부가세surtax는 다른 세금에 덧붙여 부과되는 세금이다. 우리나라 25가지 세금 중 부가세가 별도로 있는 것이 아니다.

예를 들어, 취득세를 납부할 때는 의무적으로 지방교육세를 같이 납부해야 한다. 이렇게 다른 세금을 부과할 때 슬쩍 끼워서 부과하는 세금을 모두 부가세라고 한다. 실생활에서는 일반적으로 부가가치세를 줄여서 부가세라고 말한다. 하지만 정식명칭은 아니고 편의상 줄여서 부르는 이름이니 헷갈리지 않아야 한다.

세금계산에 필요한 용어들

수입금액 vs 소득금액 vs 과세표준

수입금액과 소득금액은 다르다. 수입금액은 쉽게 말해 우리가 벌어들인 돈이다. 매출로 이해하면 된다. 이 수입금액에 경비를 차감하면 소득금액이 계산된다. 이 소득금액에서 소득공제를 차감하면 과세표준이 된다. 과세표준이 바로 세금부과의 대상이 되는 금액이다.

근로소득자의 경우에는 1년간 받은 연봉이 수입금액, 즉 총급여가 된다. 이 총급여를 전부 과세하는 것이 아니다. 총급여에서 근로소득공제를 차감하여 근로소득금액이 계산된다. 사업소득과 달리 근로소득은 실제 발생한 경비가 아닌 총급여 구간별로 정해진 근로소득공제를 차감해준다. 이 근로소득금액에서 인적공제, 연금보험료공제, 신용카드공제 등의 소득공제를 차감하면 과세표준이 계산된다.

예를 들어, 매출 1억 원이 발생했다면 1억 원 전체가 과세되는

과세표준 계산구조

```
      수입금액
  ⊖  필요경비 또는 근로소득공제
  ─────────────────────
  =   소득금액
  ⊖  소득공제
  ─────────────────────
  =   과세표준
```

것이 아니다. 매출은 수입금액이다. 매출에 대응되는 경비가 5,000만 원이고 소득공제가 500만 원이라면 이를 차감하여 4,500만 원이 과세표준이 되고 거기에 세금이 부과된다.

산출세액 vs 결정세액 vs 납부할 세액

과세표준에서 세율을 적용하여 계산되는 세액이 바로 산출세액이다. 이 세액이 전부 납부할 세액이 되는 것이 아니다. 1차적으로 산출된 세액에서 세액공제와 세액감면을 차감하여 결정세액이 계산된다. 세액공제와 세액감면은 세금을 깎아주는 것이다. 납부세액까지 한 단계가 더 있다. 결정세액에서 가산세를 더하고 기존에 원천징수 등으로 납부했던 세액을 차감하면 실제 납부할 세금인 납부세액이 결정된다.

종합과세 vs 분리과세

개인의 소득을 합산해 세금을 계산하는 방식이 종합과세고, 합

납부세액 계산구조

```
     과세표준
  ✕  세율
  =  산출세액
  ⊖  세액공제, 세액감면
  =  결정세액
  ±  가산세, 기납부세액
  =  납부세액
```

산하지 않고 각 소득별로 세금을 계산하는 방식이 분리과세다. 분리과세되는 소득은 원천징수로 납세의무가 종결된다. 어떤 소득이 분리과세가 되는지는 세법에 정해놨다. 예를 들어, 이자소득과 배당소득은 합산하여 연 2,000만 원까지는 분리과세된다. 즉, 다른 소득과 합산되지 않고 15.4%의 원천징수로 세금이 계산되고 납세의무가 끝나게 된다. 하지만 연 2,000만 원을 초과하면 근로소득, 사업소득 등 다른 종합소득과 합산하여 신고해야 한다. 이것을 종합과세라고 한다.

소득공제 vs 세액공제

공제는 쉽게 말해 일정액을 뺀다는 의미다. 세금을 계산할 때 소득공제가 있고 세액공제가 있다. 소득공제는 말 그대로 과세대상이 되는 소득을 줄여주는 것이다. 세액공제는 산출세액에서 납부할 세금을 줄여주는 것이다. 납부세액 계산구조를 보면 세율 적용이 되기 전 단계에서는 소득공제가 적용되며, 세율이 적용된 후에는 세액공제가 적용된다. 고소득자들에게는 소득공제가 더 유리하다. 동일한 금액의 소득공제가 적용되더라도 고소득자는 높은 세율이 적용되기 때문에 저소득자보다 많은 세금이 줄어들게 된다.

양도차익 vs 양도소득

양도소득세 계산 시 양도차익과 양도소득은 다른 개념이다. 예를 들어, 5억 원에 취득한 부동산을 10억 원에 팔았다면 10억 원은 양도가액이 되고 5억 원(양도가액 – 취득가액)이 양도차익이 된다. 물론 추가적인 필요경비가 있으면 양도차익은 줄어든다. 이 양도차익 전부가 과세 대상인 양도소득이 되는 것이 아니다. 양도차익에서 장기보유특별공제를 차감하여 양도소득이 계산된다. 만약 장기보유특별공제가 없으면 양도차익은 양도소득과 같은 금액이 된다.

학생인 저도
성실한 납세자입니다만

> 나상식 군은 평범한 학생이다. 좋은 대학교 나와 좋은 직장에 취업하는 것이 목표다. 아이패드를 사고 싶어 방학 때 편의점 아르바이트를 해보았다. 고생해서 돈을 벌었는데 세금을 떼니 아이패드 사기도 모자랐다. 돈 버는 게 생각보다 어렵다고 새삼 느꼈다. 그리고 학생도 세금을 내는 게 맞는지 의문이 들었다. 세금은 어른들이 내는 게 아닐까?

우리는 언제부터 세금을 낼까? 생애주기에서 우리는 성인이 되어 학교를 졸업하고 본격적으로 경제활동을 시작한다. 일반적으로 학생 때는 부모의 보호 아래 공부에 전념하지만, 학생 때부터 아르바이트로 소득이 발생하면 세금을 내기도 한다. 학생이라고 소득세가 면제되지는 않는다. 졸업 후 취업해서 월급을 받거나 사업을 해서 돈을 벌면 이때부터는 본격적으로 세금을 내게 된다. 그러면 경제활동을 하지 않는 일반 학생은 세금을 내지 않는 것일까? 아니다. 우리 학생들도 세금을 내고 있다. 돈을 벌지 않는 사람들이 내는 세금에는 어떤 것이 있을까?

소비할 때 내는 세금, 부가가치세

우리는 매일 무엇인가를 소비하면 산다. 세금은 소득과 재산에도 부과되지만 소비에도 부과된다. 소비세의 대표적인 예는 바로 부가가치세다. 하지만 우리는 소비할 때 세금을 내고 있다는 것을 쉽게 인지하지 못한다. 우리가 지불하는 물건 값과 서비스료에 이미 부가가치세가 포함되어 있기 때문이다. 부가가치세는 사업자가 창출한 부가가치에 대해 10%의 세율로 과세된다. 이 부가가치세

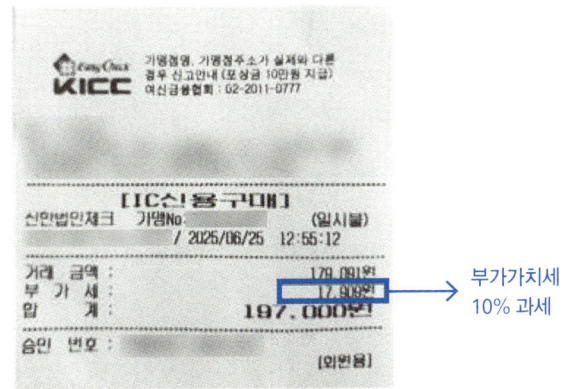

신용카드영수증 예시

는 소비자인 우리가 부담한다. 예를 들어, 햄버거를 먹고 1만 원을 지불했다면 여기에는 909원의 부가가치세가 포함되어 있다. 신용카드 영수증을 받아보면 우리가 납부한 부가가치세가 구분되어 표시된다.

우리가 세금을 내기 싫다고 부가가치세만 빼고 지불하면 햄버거를 사 먹을 수 없다. 이렇게 우리가 지급한 부가가치세는 우선 사업자의 주머니로 들어간다. 그리고 사업자는 부가가치세 신고기간에 세금을 신고하며 우리가 낸 세금을 과세관청에 납부하는 역할을 한다. 간혹 부가가치세가 많이 나온다고 불만을 가지는 사업자가 있다. 하지만 부가가치세는 소비자인 우리가 부담하는 것이지 사업자가 부담하는 것이 아니다. 이론상으로는 그렇지만 사업자는 한번 자기 주머니에 들어온 돈은 자기 돈으로 생각하기 때문에 막상 세금을 낼 때는 아깝게 느껴질 수 있는 것이다.

의도치 않게 발생하는 세금, 기타소득

만약 길을 가다가 돈을 주웠을 때는 어떻게 해야 할까? 이런 경험은 다들 한 번씩 있을 것이다. 물론 우리는 도덕책에서 배운 대로 착한 사람이 되어야 한다. 먼저 주인을 찾아서 건네줘야 하고 찾지 못하면 경찰서에 가져다줘야 한다.

경찰서에서도 일정 기간 주인을 찾지 못하면 습득자가 가질 수 있다. 이때 세금이 발생한다. 돈을 주워서 소득이 발생한 것이기에 세금을 내야 한다. 이렇게 근로소득이나 사업소득 등 다른 소득에 해당하지 않고 일시적·우발적으로 발생하는 소득을 세법에서는 기타소득이라고 한다. 만약 돈을 주워서 주인을 찾아준 경우 착한 주인을 만나게 되면 일정액의 사례금을 받을 수도 있다. 이 사례금도 세법에서 기타소득에 해당하기에 세금을 내야 한다. 착한 일 하고 세금도 내서 애국하면 일석이조다. 우리는 착한 사람이니까.

기타소득의 원천징수세율은 22%다. 원칙적으로는 소득을 지급하는 사람이 원천징수해야 한다. 그렇지만 기타소득이 5만 원 이하의 소액인 경우에는 과세되지 않는다. 학생들이 대회에 나가 상금을 타는 경우도 있다. 미술대회, 체육대회 등 다양한 대회에 나가서 타는 상금도 기타소득에 해당한다. 하지만 대한민국 문화예술상과 한국문화예술위원회가 문화예술진흥기금으로 수여하는 상금과 부상, 대한민국 미술대전의 수상작품에 대하여 받는 상금과 부상, 교육과학기술부가 개최하는 과학전람회의 수상작품에 대하여 받는 상금과 부상 등은 비과세 기타소득에 해당한다. 이렇게 세법에 열거되지 않는 대회의 상금은 원칙대로 과세된다.

다만 상금 전체에 대해 과세하는 것이 아니다. 대회를 준비하느라 고생했으니 일정 부분을 공제해준다. 다수가 순위 경쟁하는 대회에서 받는 상금과 부상은 무조건 80%의 경비를 인정해주기에 상금의 20%에 대해서만 과세된다. 즉, 상금을 100만 원 받는다면 80만 원의 경비를 차감하여 20만 원이 기타소득이 된다. 여기에 원천징수세율 22%가 적용되어 4만 4,000원이 원천징수된다.

로또당첨은 많은 사람의 꿈일 것이다. 미성년자는 로또를 구매할 수 없지만 대학생은 할 수 있다. 로또당첨도 기타소득에 해당

한다. 따라서 세금을 내야 한다. 로또에 당첨되어 상금이 20억 원이라고 해보자. 이때 세금은 얼마를 낼까? 기타소득도 경비가 인정된다. 경비는 로또 구매금액인 1,000원이 된다. 로또를 1장 사든 100장 사든 당첨된 구매금액 1,000원만 경비로 인정해준다. 일반적인 기타소득은 22%의 세율이 적용되나, 로또는 3억 원 이하는 22%, 3억 원 초과한 부분에는 33%의 세율이 적용된다. 운 좋게 발생한 소득이기에 일반적인 기타소득보다 좀 더 높은 세율이 적용된다. 이렇게 계산해보면 세금은 총 6억 2,699만 9,670원이 되어 실수령액이 13억 7,300만 330원이 된다.

학생도 예외일 수 없다, 사업소득

요즘은 소셜미디어와 동영상 플랫폼의 시대다. 많은 학생이 인스타그램, 블로그, 아프리카, 유튜브를 한다. 이런 플랫폼을 통해 자신을 표현하는 것이 자연스러운 시대가 됐다. 처음부터 돈을 벌기 위한 목적으로 시작한 것은 아닐지라도 열심히 하다 보면 자연스럽게 광고수익이 발생하기도 한다. 유튜브의 경우에도 구독자 수와 조회 수가 많으면 광고수익과 후원금, 협찬 등의 수익이 발생할 수 있다. 이런 수익도 세법상 과세가 된다.

세법이 과세하는 기준은 금액의 크기가 아니다. 사실 유튜브를 하는 것에 대해 사업성이 있느냐 없느냐의 판단기준은 애매할 수 있지만, 세법에서는 계속 반복적으로 수익을 창출하는 행위를 사업소득으로 보아 과세하고 있다. 따라서 정기적으로 콘텐츠를 올려서 광고수익이 발생하면 사업자등록을 하지 않아도 사업소득에 대한 세금을 내야 한다.

요즘 중고거래 플랫폼인 '당근마켓'을 이용하는 사람들도 많다. 중고물품을 팔아 돈을 벌었다면 세금을 내야 할까? 걱정하지 않아도 된다. 일반적인 개인 간의 중고거래는 과세되지 않는다. 하지만 계속 반복적으로 거래하여 수익을 얻는다면 사업소득으로 과세가 된다. 이 역시 사업성이 있는지 여부의 판단기준이 애매하다. 세법에 명확한 기준이 있는 것은 아니지만 1년에 50회 이상, 총판매금액이 4,800만 원 이상이면 과세가 될 수 있다.

군대 가서 받은 월급도 세금 낼까?
비과세와 면세

우리나라 남자들은 의무적으로 군복무를 해야 한다. 글로벌 스타 BTS도 얼굴천재 차은우도 모두 입대했다. 군대를 생각하면 뜨거운 눈물이 떠오른다. 연인과 친구들과 헤어짐이 아쉬워 남몰래 흘리는 눈물, 얼차려를 받으며 떠오르는 부모님 생각에 흘리는 눈물, 몰래 먹는 초코파이에 감격의 눈물, 늠름해진 모습으로 첫 휴가를 나온 아들을 보고 흘리는 부모님의 눈물…. 한편으로는 좋은 경험과 추억이 되기도 하지만 한창 젊은 나이에 군대에서 시간을 보내야 하는 점은 안타깝기도 하다. 자식을 군대 보내는 부모는 자랑스럽기도 하지만 마음이 많이 아프기도 하다. 자식을 군대 보내고 편히 잘 부모는 없을 것이다.

피할 수 없으면 즐기라고 하지 않았던가. 긍정적인 면을 생각해보자. 요즘은 예전에 비해 복무기간도 많이 짧아졌고 군인들 월급이 많이 올랐다. 그래서 이제는 군복무기간을 목돈을 모으는 기회로 삼기도 한다. 복무기간 동안 돈을 열심히 모으면 2~3,000만 원을 만들 수 있다. 그럼 군대에서 받는 월급에는 과연 어떻게 세금이 부과되는지 궁금하지 않은가?

세금을 내지 않아도 되는 비과세 소득

2025년 기준 병장 월급은 150만 원이다. 또한 장병내일준비적금에 55만 원을 저축하면 동일한 금액을 국가가 지원해준다. 따라서 실제로 받을 수 있는 월보수는 205만 원이다. 병장이 하사나 소위보다 더 돈을 벌 수 있다. 육군 기준으로 군복무기간의 급여와 적금을 전부 모은다면 총 3,000만 원이 된다.

군복무를 하고 받는 월급은 세법상 근로소득에 해당한다. 모든 근로소득에는 세금이 부과되는 것이 원칙이다. 하지만 소득세법에는 비과세 근로소득을 열거해놨다. 이렇게 비과세되는 근로소득에는 의무복무 군인이 받는 급여가 포함되어 있다. 젊은 나이에 군대에 입대하여 나라를 위해 봉사하는데 월급을 받았다고 세금을 내라고 하면 나쁜 나라다. 상식적으로 당연하다.

하지만 의무복무 군인이 받는 급여만 비과세하는 것이지 직업군인이 받는 급여는 과세가 된다. 하사의 급여에 세금을 떼면 병장의 급여보다 훨씬 적어지게 된다. 또 장병내일준비적금에서 발생하는 이자소득에 대해서도 비과세해준다. 힘든 군생활이지만 이

기회에 목돈을 모아 제대하는 것도 괜찮지 않을까.

이렇게 세법에서는 다양한 목적에 의해 비과세를 적용해주고 있다. 또한 세법에는 근로소득뿐 아니라 이자소득, 배당소득, 사업소득, 연금소득, 기타소득에 대한 비과세도 각각 열거되어 있다. 근로소득 중 비과세되는 급여에는 고용보험법에 따라 받는 실업급여, 육아휴직 급여, 출산전후휴가 급여, 산업재해보상보험법에 따라 받는 요양급여, 휴업급여, 장해급여, 간병급여, 법률에 따라 동원된 사람이 받는 급여, 작전수행을 위해 외국에 주둔 중인 군인의 급여 등이 있다.

비과세? 면세? 뭐가 다를까?

비과세가 나온 김에 면세와 비교해보겠다. 비과세와 면세 둘 다 세금을 부과하지 않는 것이다. 그럼 비과세와 면세는 같을까? 둘 다 세금이 없는 것은 같지만 그 의미는 조금 다르다. 면세는 세금을 면제해주는 것으로 과세대상에 해당하지만 여러 사유로 혜택을 주는 것이다. 비과세는 처음부터 과세대상이 아니기에 세금이 발생하지 않는 것이다.

면세는 주로 부가가치세에서 적용된다. 정책적 목적으로 여러 가지 물품이나 서비스에 대하여 부가가치세를 부과하지 않는다. 농수산물, 수돗물 등의 생필품이나 의료, 교육 등의 국민복리후생과 관련된 서비스에 면세를 적용하여 소비자의 세부담을 완화하고 역진성을 해소하는 것이 목적이다.

우리가 다른 지방을 갈 때 시외고속버스를 타면 부가가치세가 면세되나 시외우등고속버스를 타면 과세된다. 우리가 사 먹는 흰 우유는 부가가치세가 면세되나, 초코우유, 딸기우유는 과세된다. 마트에서 김치를 사 먹을 때 벌크 형태의 김치를 사면 면세되나, 개별 포장용기에 담긴 김치를 사면 과세된다(2025년까지는 포장김치도 한시적으로 면세 적용됨). 이렇게 면세되는 물품을 이용하면 부가가치세 부담이 없다.

해외여행 가면 꼭 들르는 면세점, 무엇이 면세될까?

실생활에서 면세를 가장 체감할 수 있는 곳이 면세점이다. 해외여행을 가면 면세점은 필수코스다. 여러 가지 물건을 평소보다 저렴하게 살 수 있기 때문이다. 이 면세점은 무엇을 면세해주는 것이고 왜 면세해주는 것일까? 해외여행을 가기 전에 들르는 면세점 duty free shop의 'duty free'는 얼핏 비슷해 보이는 영단어인 'tax free'와는 조금 다른 개념이다. tax free는 소비세인 부가가치세와 개별소비세를 면제해주는 것이다. 하지만 duty free는 소비세뿐 아니라 관세와 주세, 담배소비세 등의 모든 세금을 면제해주는 것이다.

공항 출국장의 면세점duty free shop에서는 출국예정자만 상품 구매 가능하고 면세를 적용할 수 있는 개인당 한도가 있다. 2025년 현재 술, 담배, 향수를 제외한 일반 면세품은 미화 800달러 이내에서 면세 적용이 가능하다. 술은 2병 이하, 담배는 200개비 이하, 향수는 100ml 등 별도 면세한도가 적용된다.

부가가치세, 개별소비세와 같은 소비세는 소비지국과세를 원칙으로 한다. 즉, 생산지가 아닌 물품이 소비되는 나라에서 소비세를 과세하는 것이 원칙이다. 외국인은 면세품을 사서 해외로 가져가서 소비하기 때문에 우리나라에서 면세를 해준다. 그리고 출국이 예정되어 있는 내국인도 해외에서 소비할 것으로 예상되기에 면세해준다.

하지만 실제로는 해외에서 소비하는지 다시 국내로 가져와 소비하는지는 알 수 없다. 그래서 구매 한도를 두고 있다. 이 한도 내에서 산 면세품은 어디에서 소비해도 면세해준다. 이런 이유로 면세점을 이용하면 우리가 물품을 저렴하게 구매하는 기회가 된다. 또한 면세점은 외국인이 우리나라에서 소비하는 것을 유도하는 효과도 있으며 내국인이 출국하여 해외에서 소비하는 것을 방지하는 효과도 있다.

우리가 해외여행을 가면 현지의 면세점 tax free shop 을 볼 수 있다. 이런 면세점에서 우선 소비세가 붙은 물품을 구매하고 출국할 때 구매한 물품에 붙어 있던 세금을 돌려받게 된다. 이것을 영어로 tax-refund라고 한다. 출국 시 tax-refund 창구에 가서 영수증을 보여주면 외국인에 한해 부가가치세를 돌려받을 수 있다. 우리는 국내의 세금을 돌려받을 수는 없지만 해외여행 가서 물품을 산 후 국내로 오기 전에 그 나라의 세금을 돌려받을 수 있다.

증세 vs 감세, 무엇이 정의인가?

세금부과에 대해 좀 더 생각해보자. 우리나라 세금은 소득, 재산, 소비에 부과된다. 어떤 대상에 세금을 부과할지는 이미 정해졌다. 그러면 다음으로 고민할 부분이 '누구에게 얼마나 세금을 거둘까'다. 대상자들에게 세금을 동일하게 부과할 수도 있고 차등적으로 부과할 수도 있다.

우리는 모두 세금을 낸다. 하지만 사람들은 공평성이 침해되면 화가 난다. 우리가 아는 상식은 부자가 더 많은 세금을 낸다는 것이다. 우리나라 최고 부자는 이재용과 같은 대기업의 총수일 것이다. 이런 부자들은 소득이나 가진 재산이 크니까 더 많은 세금을 낸다. 그런데 나보다 소득이 10배 많은 부자는 나보다 세금을 10배를 내는 것일까? 사실 그렇지 않다. 100배 이상 차이날 수 있다.

그러면 이것은 공평한 것일까?

수직적 공평과 수평적 공평 사이

우리나라 세법은 조세공평주의를 원칙으로 하여 세금을 부과한다. 이는 세법의 입법, 해석 및 집행 과정이 모든 국민에게 평등하고 공평하게 적용되어야 함을 의미한다. 용어가 좀 생소할 수 있지만 누구에게나 공평하게 세금을 부과해야 한다는 것으로 이해하면 된다.

하지만 공평하게 세금을 낸다는 것은 누구나 동일한 금액을 낸다는 의미가 아니다. 부자들이 더 많은 세금을 내는 것이 사회적으로는 공평한 것으로 인식되고 있다. 공평과세는 수평적 공평과 수직적 공평으로 나눌 수 있다. '수평적 공평'은 담세력(세금을 부담할 능력)이 동일한 사람은 동일한 세금을 부담하는 것이고, '수직적 공평'은 담세력이 큰 사람이 더 많은 세금을 부담하는 것이다.

우리나라의 많은 세금은 누진세율이 적용된다. 누진세는 과세대상의 크기가 클수록 높은 세율이 적용되는 것이다. 누진세의 반대는 비례세다. 비례세는 크기와 상관없이 동일한 세율이 적용된다. 소득세, 종합부동산세, 상속세 및 증여세는 누진세의 대표적인 예다. 부가가치세, 개별소비세, 증권거래세는 비례세의 대표적인 예다. 소득세는 과세대상의 크기에 따라 6~45%의 세율이 적용되지만, 부가가치세는 과세대상의 크기에 상관없이 늘 10%의 세율이 적용된다.

누진세가 적용되면 소득의 재분배 효과가 발생한다. 그런데 재정이 필요하면 동일하게 세금을 거두면 되지 왜 소득재분배 효과가 일어나도록 세법을 만들었을까? 국가의 중요한 역할 중 하나는 사회보장제도를 운영하는 것이다. 세금을 거둬서 저소득자에게 공공부조나 사회복지서비스를 제공한다. 세금을 거둘 때부터 누진세가 적용되면 자연스럽게 사회적 기능도 할 수 있게 된다.

누진율을 얼마나 크게 할 것인가는 가치판단의 문제다. 사회적 기능도 중요하지만 그렇다고 부자들에게 왕창 세금을 부과하면 우리나라를 떠나 세금이 적은 나라로 이민갈 수도 있다. 부자들이 떠나지 않도록 하면서 소득의 재분배효과도 기대할 만한 수준으로 정해야 한다. 지금의 세법이 그 수준인지 모르겠으나 적정 수준의 세금을 거두는 것은 참 어려운 일이다.

세수부족 해결, 증세해야 할까? 감세해야 할까?

뉴스에서 세수부족이라는 기사가 종종 나온다. 예산대비 세금이 덜 걷혔다는 말이다. 누구는 증세해야 한다고 하고 누구는 오히려 감세해야 한다고 한다. 뭐가 맞는 말일까?

증세해야 한다는 입장에서도 부자증세를 주장하는 사람들이 있고 보편적증세를 주장하는 사람이 있다. 부자증세를 말하는 입장은 부자들이 돈이 많으니 누진율을 더욱 높여 많은 세금을 내게 해야 세수부족도 해결하고 사회적 불평등도 해소할 수 있다는 것이다. 보편적증세는 우리나라에서 세금을 내지 않는 면세자 비율이 높으니 고소득자부터 저소득자 모두 세금을 더 내어 세수부족을 해결하자는 것이다.

감세해야 한다는 입장에서 가장 많이 주장하는 것이 경기활성화다. 높은 세율은 근로와 투자의욕을 저하해서 경제를 위축시킨다. 감세하여 근로의욕을 고취시키고 가처분소득을 높여 소비를 활성화시켜 경제를 활성화하여 세수입을 늘리자는 것이다. 또한 부자들의 세금을 낮춰주면 낙수효과가 발생한다고 주장한다. 대기업, 고소득자들이 성장하면 연관되어 경제 전체가 성장하며 결국 저소득층에게도 혜택이 돌아온다는 말이다. 둘 다 그럴듯한 주장이다. 어느 것이 옳은지에 대한 정답은 없다. 상황과 여건에 맞게 적절한 정책을 사용해야 한다.

세수부족 문제 해결을 위해 반드시 같이 이루어져야 하는 것이 성실납세를 유도하는 것이다. 우리 사회에는 열심히 세금을 내는 사람도 있지만 탈세하고 체납하는 사람도 있다. 간혹 뉴스나 다큐멘터리를 보면 고액 체납자 집에서 돈다발과 귀금속 뭉치들이 나오는 것을 보기도 한다. 앞서 말한 대로 우리는 공평성이 훼손되면 더욱 분노한다.

증세냐 감세냐의 문제에서 무엇이 정의인지를 논하기는 어렵다. 하지만 조세정의를 위해서 탈세와 체납의 문제를 해결하는 것은 반드시 필요하다. 국세통계자료에 따르면 2024년 기준 누적 체납액은 약 110조 원에 달하는 것으로 나타났다. 2024년 기준 연간 국세수입이 약 330조 원이니 체납액 규모는 엄청나다. 사회 한편에는 여전히 탈세를 미덕으로 생각하는 사람들이 있다. 예전보다 국민들의 인식이 많이 달라졌지만 일부에서는 성실히 세금을 내는 사람을 바보로 생각하기도 한다. 하지만 누군가가 탈세하면 결국 다른 사람들이 더 내야 한다.

증세 없는 복지는 없다

"요람에서 무덤까지."

유럽 선진국의 복지제도를 잘 나타내는 말이다. 우리는 누구나 세금을 내는 것을 싫어하지만 국가로부터 더 많은 혜택을 받길 원한다. 정치인들은 표심을 얻기 위한 공략으로 복지강화를 내세우지만 증세를 쉽게 말하지는 못한다.

지지를 얻기 위해 선심정책을 펼치는 것을 포퓰리즘이라고 한다. 정치인들이 상대방을 비난할 때 자주 사용하는 용어다. 하지만 공짜 점심은 없다. 더 많은 혜택을 받으려면 더 많이 부담해야 하는 것은 당연하다. 더 많은 복지를 받는 것과 더 많은 세금을 내는 것은 늘 비례관계에 있다. 고부담-고복지 국가로 나아갈 것인가, 저부담-저복지 국가로 나아갈 것인가는 선택의 문제다. 그러면 어느 수준이 좋을까? 이에 대한 사람들의 생각은 각각 다를 수 있다.

우리나라의 현 복지 상황은 어떻게 될까? 징수보고서에 따르면 우리나라 2023년 조세부담률은 19%다. 조세부담률은 GDP 대비 조세가 차지하는 비중을 나타낸다. OECD 평균 조세부담률은 25.2%로 다른 OECD 국가에 비해 우리나라는 조세부담률이 낮은 편이다. 또한 OECD에서 공표한 사회복지지출 통계자료에 따르면 우리나라의 GDP 대비 복지지출 비율은 2020년 기준 14.4%다. OECD 평균이 23.0%이니 우리나라는 매우 낮은 편이다.

이런 데이터를 보면 아직까지 우리나라는 저부담-저복지국가다. 우리나라도 복지국가를 지향한다면 어느 정도 증세는 불가피하다. 물론 고부담-고복지이냐 중부담-중복지이냐는 우리 사회가 지향하는 바에 따라 다르다. 고복지를 지향하지 않더라도 저출산, 고령화 문제가 날이 갈수록 심각해지고 있는 현 상황에서 추가적인 증세는 피할 수 없다.

증세는 기존 세율을 높이고, 조세혜택을 줄이는 방법으로 시행될 수 있다. 예를 들어, 소득세·법인세 세율을 높이거나 누진세율 적용구간을 낮추는 방법을 사용하거나 세액공제나 세액감면의 혜택을 축소하여 더 많은 세금을 납부하게 만들 수 있다. 또한 OECD 평균보다 낮은 부가가치세율도 언제든지 올릴 수 있다. 혹은 새로운 세금을 도입하는 것도 방법일 수 있다.

미래의 세금은 무엇이 있을까? 우선 생각해볼 수 있는 것은 로봇세, 데이터세, 탄소세 등이 있다. 산업이 발달하면서 세금의 형태도 달라질 수 있다. 현재 존재하는 25가지 세금 중 일부는 사라질 것이고 또 새로운 세금이 생길 것이다. 그렇게 세금의 역사는 흘러갈 것이다. 증세든 새로운 세금이든 어떻게든 세금은 필요하다.

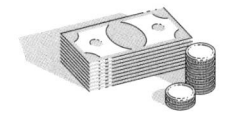

2장

직장인이 알아야 할 세금 상식

첫 월급을 받았다,
세금은 어떻게 계산될까?

 부푼 꿈을 안고 처음 회사에 입사한 날은 평생 잊지 못할 것이다. 이제 고생 끝, 행복 시작이고 세상을 다 가진 것만 같다. 그동안 취업을 위해 고생했던 날들, 나를 위해 물심양면으로 지원해준 부모님도 생각 날 것이다. 하지만 기쁜 순간도 잠시다. 사회생활을 배워나가기가 쉽지만은 않다. 선배들 직급과 이름을 외우고 눈치 보며 조직생활에 적응해야 하고, 실수해 혼나기도 하며 업무도 차츰 익혀야 한다. 때로는 처음 겪는 서러움에 남몰래 눈물을 흘리기도 한다.
 그렇게 정신없이 회사생활에 적응하며 열심히 일하다 보면 드디어 첫 월급을 받게 된다. 이 월급이 그동안의 고생을 조금이나마 보상해줄 것이다. 기쁘기도 하지만 막상 받아보니 적은 금액에 실

망하기도 한다. 월급도 쥐꼬리만 한데 뭐 이렇게 떼어가는 게 많을까? 부모님 내복도 사드려야 하고 밀린 카드 값도 내야 하는데 이렇게 많이 떼고 받는 게 맞는지 의문이 들 것이다. 그래서 세금을 잘 알아야 한다. 소득세와 4대보험 계산구조를 알아야 이해할 수 있다. 그래야 괜히 더 많이 내고 있는 건 아닌지 확인할 수 있고 절세도 할 수 있다.

직장인이 받는 월급은 세법상 근로소득에 해당하기에 우리나라 25가지 세금의 하나인 소득세 중에서도 근로소득세가 부과된다. 따라서 직장인이라면 근로소득세 계산구조, 원천징수 및 연말정산까지 알아둘 필요가 있다. 나아가 연말정산과 종합소득세의 관계까지 연결해서 이해하면 완벽하다.

원천징수가 도대체 뭔가요?

우선 원천징수와 연말정산의 개념을 이해해보자. 우리는 매달 월급을 받으면 세금을 떼고 받게 된다. 이렇게 미리 세금을 떼는 것을 원천징수라고 한다. 내 소중한 월급에서 누가 왜 세금을 떼는 것일까? 원천징수는 월급을 지급하는 회사에게 법적 의무가 있다. 월급을 전부 받고 나중에 세금을 내라고 하면 안 내는 사람들이 있을 수 있으니, 월급을 주기 전에 미리 세금을 떼서 국가에 납부하라고 세법에 규정했다.

회사는 직원들에게 월급을 지급할 때마다 소득세를 계산하여 급여에서 떼고, 다음 달 10일까지 관할 세무서에 신고 및 납부해야 한다. 만약 회사가 원천징수를 안 하고 월급을 지급하면 회사에 가산세가 부과된다. 따라서 회사는 자연스럽게 원천징수를 하게 된다. 이런 원천징수제도로 인해 세금을 체납하는 직장인들이 거의 없다. 직장인 입장에서 이렇게 매달 떼인 세금은 세무서에 납부되어 나의 적립금처럼 계속 쌓이게 된다. 이 원천징수제도야말로 국가가 개발한 최고의 세금징수 기술이다.

근로소득에 대한 원천징수세액은 국세청에서 고시한 간이세액표에 따라 계산된다. 우리가 흔히 아는 6~45%의 소득세율로 계산해서 원천징수하는 것이 아니다. 간이세액표는 월급액과 부양가족만을 고려하여 간단하게 계산하게 되어 있다. 개인의 실제 소득공제, 세액공제 사항들은 원천징수할 때는 반영되지 않는다. 실제 공제사항들을 매달 반영하여 세금을 계산하는 것은 현실적으로 매우 힘들기 때문이다.

원천징수 개념

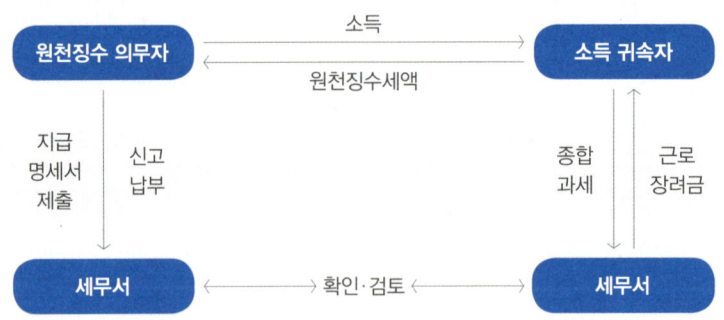

출처: 국세청 홈페이지

그럼 구체적으로 원천징수는 어떻게 되는 것일까? 우선 급여를 받으면 급여명세서를 받는다. 급여명세서는 크게 지급내역과 공제내역으로 나눌 수 있다. 지급내역에는 급여, 수당, 식대 등 여러 항목이 있다. 공제내역에는 소득세, 지방소득세, 4대보험 항목이 있다. 즉, 회사가 급여를 지급할 때 세금뿐 아니라 4대보험도 같이 원천징수한다.

국민연금, 건강보험, 고용보험은 정해진 보험요율로 계산되어 근로자와 사업주 반반씩 부담하게 된다. 4대보험 중 산재보험은 사업주만 부담하기에 근로자는 부담하지 않는다. 이렇게 회사가 급여지급 시 세금과 보험료를 원천징수해뒀다가 세금은 관할세무서에 납부하고 4대보험은 각 보험공단에 납부한다.

예시를 살펴보자. 월급이 500만 원인 경우에는 근로소득 간이세액표에 의해 소득세 33만 5,470원이 계산되어 원천징수된다. 또한 이 금액의 10%인 3만 3,540원이 지방소득세로 원천징수된다. 지방소득세는 항상 소득세의 10%로 이해하면 쉽다. 여기에 국민연금 22만 5,000원, 건강보험료 17만 7,250원, 장기요양보험료 2만 2,950원, 고용보험 4만 5,000원이 계산되어 원천징수된다. 2025년의 4대보험 요율이 적용된 금액이다. 따라서 월급이 500만 원인 경우 총 83만 9,210원이 원천징수되어 실제로는 416만 790원을 지급받게 된다.

만약 부양가족이 있으면 간이세액표에 의해 원천징수되는 소득세는 더 줄어든다. 하지만 부양가족이 있다고 해서 4대보험은 줄어들지 않는다. 어떤가? 생각보다 많이 떼어 가는가? 이것이 현

급여대장 샘플

2025년 06월분 급여명세서

지급일 : 2025-06-30

사원코드 : 9		사원명 : 홍길동		입사일 : 2025-06-01	
부서 :		직위 :		호봉 :	
지급내역	지급액		공제내역		공제액
기본급	5,000,000		국민연금		225,000
직책수당			건강보험		177,250
월차수당			장기요양보험		22,950
식대			고용보험		45,000
자가운전보조금			소득세		335,470
야간근로수당			지방소득세		33,540
보육수당			농특세		
지급액계	5,000,000		공제액계		839,210
차인지급액					4,160,790

실이다. 그래서 이렇게 매달 납부한 소득세는 연말정산으로 최대한 많이 환급받아야 한다.

13월의 월급, 연말정산 환급

 매달 소득세가 원천징수된 급여를 받다가 1년에 한 번 총근로소득에 대한 소득세를 정산하게 되는데 이것을 '연말정산'이라고 한다. 매달 간이세액표에 의해 세금을 떼지만 편의상 계산된 세금이지 정확히 계산된 세금은 아니다. 따라서 1월부터 12월까지의 모든 근로소득을 합치고 개인의 모든 소득공제사항과 세액공제사항을 반영하여 정확한 세금을 계산하게 된다.

'연말정산을 통해 정확히 계산된 세금'과 '기존에 원천징수되어 적립금처럼 쌓아 놓은 세금'을 비교하여 더 많이 납부했다면 세금을 환급받고, 더 적게 납부했다면 세금을 추가 납부한다. 연말정산에는 평소 원천징수할 때 반영되지 않은 소득공제, 세액공제 사항들이 반영되니 연말정산으로 세금이 줄어드는 것이 일반적이다.

연말정산이 종료되면 근로소득 원천징수영수증을 받게 된다. 원천징수영수증 첫 번째 페이지의 세액명세서란에 있는 차감징수세액에 마이너스 금액이 나오면 해당 금액을 환급받게 되고 플러스 금액이 나오면 추가 납부해야 한다.

다음 예시에서 연말정산으로 계산된 정확한 소득세는 44만 8,982원이다. 기존에 원천징수로 100만 원을 납부했으니 55만 1,018원의 소득세를 돌려받게 되는 것이다. 또한 소득세의 10%인 5만 5,102원의 지방소득세도 환급받게 된다. 이것을 우리는 통상적으로 13월의 월급이라고 한다. 따라서 우리는 연말정산 계산방식을 이해하고 최대한 많이 환급받을 수 있도록 준비해야 한다. 자세한 이야기는 뒤에서 다시 다루겠다.

연말정산의 의무도 월급을 지급하는 회사에게 있다. 근로자는 연말정산 각종서류를 잘 준비하여 회사에 제출하면 된다. 회사는 1~12월 기간 동안 매달 급여지급하며 원천징수해야 하고, 다음 해 1~2월에 연말정산을 실시해서 2월 급여 지급 시 추가 징수 혹은 환급을 한 후, 3월 10일까지 관할 세무서에 신고해야 한다. 이 연말정산 시기가 급여업무를 하는 사람들에게는 제일 바쁜 시기가 된다.

근로소득 원천징수영수증 샘플

■ 소득세법 시행규칙 [별지 제24호서식(1)] 〈개정안 2025. . .〉 (9쪽 중 제1쪽)

관리 번호		[ ]근로소득 원천징수영수증 [ ]근로소득 지급명세서 ([ ]소득자 보관용 [ ]발행자 보관용 [ ]발행자 보고용)		거주구분	거주자1/비거주자2
				거주지국	거주지국코드
				내·외국인	내국인1 /외국인9
				외국인단일세율적용	여 1 / 부 2
				외국법인소속 파견근로자 여부	여 1 / 부 2
				종교관련종사자 여부	여 1 / 부 2
				국적	국적코드
				세대주 여부	세대주1, 세대원2
				연말정산 구분	계속근로1, 중도퇴사2

징수 의무자	① 법인명(상호)	한강건설(주)		② 대표자(성명)	김ㅇㅇ	
	③ 사업자등록번호	123-81-*****		④ 주민등록번호	400101-1******	
	③-1 사업자단위과세자 여부	여1 / 부2		③-2 종사업장 일련번호		
소득자	⑤ 소재지(주소)	서울특별시 종로구 종로5길 1000				
	⑥ 성명	이 강 모		⑦ 주민등록번호(외국인등록번호)		
	⑧ 주소	서울특별시 종로구 종로3길 1번길				

		구분	주(현)	종(전)	종(전)	⑯-1 납세조합	합 계
Ⅰ 근 무 처 별 소 득 명 세	⑨ 근무처명		한강건설(주)				
	⑩ 사업자등록번호		123-81-*****				
	⑪ 근무기간		24.1.1.~24.12.31.	~	~	~	24.1.1.~24.12.31.
	⑫ 감면기간		~	~	~	~	~
	⑬ 급여		39,000,000				39,000,000
	⑭ 상여		26,400,000				26,400,000
	⑮ 인정상여						
	⑮-1 주식매수선택권 행사이익						
	⑮-2 우리사주조합인출금						
	⑮-3 임원 퇴직소득금액 한도초과액						
	⑮-4 직무발명보상금						
	⑯ 계		65,400,000				65,400,000
Ⅱ 비 과 세 및 감 면 소 득 명 세	⑱ 국외근로	M0X					
	⑱-1 야간근로수당	O0X					
	⑱-2 보육수당	Q0X	2,400,000				2,400,000
	⑱-3 출산지원금	Q0X	5,000,000				5,000,000
	⑱-4 연구보조비	H0X					
	⑱-5 비과세학자금	G01	3,000,000				3,000,000
	⑱-40 비과세식대	P01	2,400,000				2,400,000
	⑲ 수련보조수당	Y22					
	⑳ 비과세소득 계		12,800,000				12,800,000
	⑳-1 감면소득 계						

		구분		㉕ 소득세	㊵ 지방소득세	㉛ 농어촌특별세
Ⅲ 세 액 명 세	㉓ 결정세액			448,982	44,898	
	기 납부 세액	㉔ 종(전)근무지 (결정세액란의 세액을 적습니다)	사업자 등록번호			
		㉕ 주(현)근무지		1,000,000	100,000	
	㉖ 납부특례세액					
	㉗ 차감징수세액(㉓-㉔-㉕-㉖)			-551,018	-55,102	

위의 원천징수액(근로소득)을 정히 영수(지급)합니다.

년   월   일

징수(보고)의무자   (서명 또는 인)

세무서장   귀하

때로는 세금보다 더 많이 나오는 4대보험

직장인들의 월급에서 원천징수 되는 것은 세금뿐이 아니다. 4대보험료도 같이 원천징수된다. 4대보험은 국민연금, 건강보험, 고용보험, 산재보험이다. 산재보험은 회사가 100% 부담하지만, 국민연금·건강보험·고용보험은 회사와 근로자가 반씩 부담한다. 이렇게 급여에서 떼어가는 4대보험료도 상당히 많다. 시뮬레이션을 해보면 연봉 1억 원일 때는 4대보험료보다 세금이 더 많이 부과되지만, 연봉 5,000만 원일 때에는 세금보다 4대보험료가 더 많이 나온다. 4대보험료가 뭐길래 이렇게 많이 떼는 것일까?

국민연금

국민연금은 안정적인 노후생활을 위해 경제활동을 할 수 있을 때 돈을 적립해뒀다가 은퇴 후 연금형식으로 받게 되는 보험이다. 이론상으로 그렇지만 적립된 기금보다 지급액이 더 커져서 자금이 빠르게 고갈되고 있다. 연금개혁을 해도, 연금 수령시기가 늦춰지고 수령액이 점점 적어질 수 있다.

건강보험

건강보험은 우리나라 국민이라면 의무적으로 가입해야 한다. 직장을 다니면 직장가입자가 되고 직장을 그만두면 피부양자가 되거나 지역가입자가 된다. 직장가입자는 월급에 보험료가 부과되나, 지역가입자가 되면 본인의 소득뿐 아니라 부동산 등의 재산에도 보험료가 부과된다. 직장인에게 건강보험료는 부담이 크다. 이 보험료는 나중에 돌려받는 것도 아니다. 직장가입자의 건강보험료는 회사가 절반을 부담하기 때문에, 그나마 부담이 적은 편이다.

고용보험

고용보험은 실업에 대비하고 구직을 위한 직업능력개발을 지원해준다. 보험료가 크지 않아서 그렇게 부담되는 것은 아니다. 실업급여를 받은 적도 없고 고용보험 교육과정을 듣지 않는 사람들도 많다. 결국 이것도 공공부조의 개념이다. 그렇다고 억울하다고 회사 그만두고 실업급여를 신청하지는 말자. 실업급여 받지 않고 안정적으로 월급을 받는 것이 제일 좋다.

4대보험은 세금은 아니지만 결국 세금처럼 징수된다. 소득세는 소득공제, 세액공제로 줄일 수 있는 방법이 있지만 4대보험은 줄이기가 어렵다. 보수월액에 그대로 보험요율이 적용되어 부과되기 때문이다. 여기서 보수월액은 비과세를 제외한 월급여라고 이해하면 된다.

증세하는 정책을 내면 반발이 심하지만 4대보험은 상대적으로 반발이 적은 편이다. 원천징수를 통해서 회사가 납부하기에 체감하지 못하는 것이다. 회사와 절반씩 내는 것도 왠지 부담을 덜어주는 느낌이다. 하지만 4대보험 요율은 꾸준히 오르고 있다.

그나마 4대보험을 줄이는 방법은 두루누리 지원제도를 활용하는 것이다. 국가는 근로자수 10명 미만의 소규모 사업장에 신규입

사한 자의 국민연금, 고용보험료를 지원해준다. 모든 사람에게 지원혜택을 주는 것은 아니다. 월평균 보수 270만 원 미만, 전년도 종합소득 4,300만 원 미만, 재산 과세표지원 대상에 해당한다면 놓치지 말고 신청해야 한다.

연말정산과 종합소득세 신고와의 긴밀한 관계

> 직장인이 된 나상식 씨는 글쓰기를 좋아한다. 퇴근 후 틈틈이 글을 쓰다 보니 어쩌다 책 출판까지 하게 됐다. 크진 않지만 인세를 받게 되어 기뻤다. 그런데 다음 5월에 종합소득세 신고 안내문이 나왔다. 그동안 회사에서 연말정산을 해줬는데 갑자기 종합소득세 신고를 하라니 어떻게 해야 할지 막막하기만 하다.

근로소득만 있는 직장인들은 연말정산으로 세금처리가 끝난다. 하지만 근로소득 외 다른 소득도 있다면 여기서 끝이 아니다. 근로소득은 종합소득에 속하는 6가지 소득 중 하나다. 따라서 근로소득 외 이자소득, 배당소득, 사업소득, 연금소득, 기타소득의 다른 종합소득이 있다면 합산하여 다음 해 5월까지 종합소득세를 신고해야 한다.

따라서 나상식 씨처럼 근로소득이 있는 직장인이, 책을 써서 인세를 받았다면 두 가지 소득을 합산하여 종합소득세를 신고할 의무가 생긴다. 소득을 합산하면 더 높은 세율이 적용되기에 연말정산과 달리 종합소득세 신고는 일반적으로 세금을 추가로 납부하는 경우가 많다. 연말정산은 회사에게 의무가 있기에 직장인은 서류만 준비하여 회사에 제출하면 되지만 종합소득세 신고는 개인이 스스로 해야 한다. 그렇기에 절대 놓치면 안 된다. 요즘 세금신고 사이트인 홈택스가 잘 되어 있지만 어느 정도 세무지식이 있어야 제대로 신고할 수 있다. 그럼 종합소득세의 개념과 계산구조를 이해해보자.

세법에서 말하는 소득의 종류

개인의 '소득'에 부과하는 세금이 소득세다. 일반인들이 가장 많이 접하는 세금이다. 그럼 소득세 과세대상인 '소득'의 범위는 어디까지일까? 우리가 사는 세상에서 소득은 다양한 경우에 발생한다. 하지만 소득세법에서 말하는 '소득'은 열거주의에 따른다. 즉, 세법에 열거된 소득만 과세하고 있다.

이렇게 열거된 소득은 이자소득, 배당소득, 사업소득, 근로소득, 연금소득, 기타소득, 퇴직소득, 양도소득으로 총 8가지가 있다. 여기에 열거되지 않거나 비과세로 규정된 소득은 아무리 많아도 과세되지 않는다. 예를 들어, 상장주식의 양도로 벌어들인 소득

종합소득의 종류

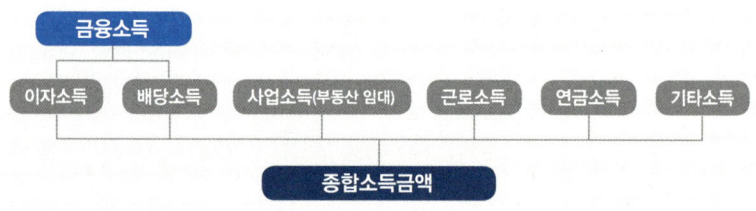

은 대주주나 장외거래가 아니면 과세되지 않는다.

이 8가지 소득 중에서 이자소득, 배당소득, 사업소득, 근로소득, 연금소득, 기타소득의 6가지 소득을 합쳐서 종합소득이라고 한다. 개인이 1년간 벌어들인 모든 종합소득은 합산해서 세금을 계산하게 된다. 이를 종합과세라고 한다. 따라서 직장인의 근로소득도 종합소득의 일부이기에 근로소득 외 다른 소득이 더 있다면 합산하여 신고할 의무가 생긴다.

8가지 소득 중 종합소득이 아닌 퇴직소득과 양도소득은 다른 소득과 합산되지 않고 별도로 계산하게 된다. 퇴직소득과 양도소득은 오랜 기간에 걸쳐서 발생한 소득이기에 1년 동안 발생한 다른 종합소득과 구분을 한다. 또한 퇴직소득과 양도소득은 수년간의 누적된 소득이 클 수 있기에 다른 종합소득과 합산하게 되면 적용되는 세율이 상당히 커지게 된다. 따라서 합리적 과세를 위해 별도로 과세하고 있다.

연봉은 근로소득금액이 아니다

종합소득세는 6가지의 소득이 합산되어 계산된다. 그런데 여기서 말하는 '소득'은 매출이나 수입금액과는 다르다. 사람들이 많이 헷갈리는 부분이다. 세법에서는 수입금액에서 필요경비를 차감하여 소득금액을 계산한다. 개인사업자는 매출에서 경비를 차감하여 사업소득을 계산한다.

직장인의 근로소득도 연봉금액과는 다르다. 일반적으로 연봉은 1년간의 월급, 상여금을 모두 포함한 세전금액을 말한다. 세법에서는 연봉이라는 단어보다 총급여라는 단어를 사용한다. 이 총급여는 비과세소득을 제외하고 근로자가 근로를 제공하고 받은 대가를 모두 포함한다. 이 총급여에 근로소득공제를 차감하여 근로소득금액을 계산하게 된다.

근로소득자에게는 사업소득자처럼 실제 경비를 차감하지 않고 일정율의 근로소득공제를 경비처럼 인정해준다. 이 근로소득공제

근로소득공제

총급여액 구간	근로소득공제금액
500만 원 이하	총급여액의 70%
500만 원 초과 1,500만 원 이하	350만 원 + (총급여액 − 500만 원) × 40%
1,500만 원 초과 4,500만 원 이하	750만 원 + (총급여액 − 1,500만 원) × 15%
4,500만 원 초과 1억 원 이하	1,200만 원 + (총급여액 − 4,500만 원) × 5%
1억 원 초과	1,475만 원 + (총급여액 − 1억 원) × 2%

는 2,000만 원을 한도로 총급여 구간별 일정율을 공제해주는 것이다. 따라서 종합소득에 합산되는 근로소득은 우리가 흔히 말하는 연봉보다 더 적은 금액이 된다. 예를 들어, 연봉 5,000만 원인 사람의 근로소득금액은 산식에 따라 근로소득공제를 차감하여 3,775만 원이 된다.

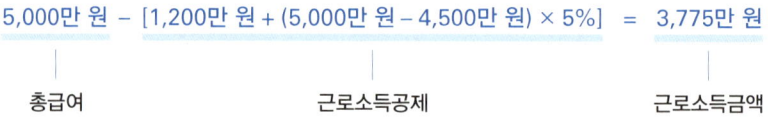

5,000만 원	− [1,200만 원 + (5,000만 원 − 4,500만 원) × 5%]	= 3,775만 원
총급여	근로소득공제	근로소득금액

이렇게 6가지 종합소득 모두 필요경비나 소득공제를 차감하여 소득금액을 계산하게 된다. 사업소득과 기타소득은 실제 필요경비를 반영하게 되어 있고, 근로소득과 연금소득은 일정율의 소득공제를 반영하여 계산한다. 하지만 이자소득과 배당소득은 필요경비

소득별 소득금액 계산 방식

구분	소득금액 계산
이자소득, 배당소득	이자수입금액 − 0(필요 경비 인정하지 않음) = 이자소득금액 배당수입금액 − 0(필요 경비 인정하지 않음) = 배당소득금액
사업소득	사업수입금액 − 필요경비 = 사업소득금액
근로소득	근로수입금액(총급여) − 근로소득공제 = 근로소득금액
연금소득	연금수입금액 − 연금소득공제 = 연금소득금액
기타소득	기타수입금액 − 필요경비 = 기타소득금액

가 전혀 인정되지 않는다. 금융업을 영위하는 사업소득자가 아니면 이자소득과 배당소득을 얻기 위해서는 일반적으로 경비가 들지 않기 때문에 일괄적으로 인정해주지 않는 것이다.

종합소득세 계산구조

종합소득을 이해했다면 다음은 종합소득세 계산구조를 간단하게 살펴보자. 종합소득세 계산은 종합소득금액에서부터 시작한다. 종합소득에서 부양가족, 연금보험료, 신용카드공제, 주택자금공제 등 여러 가지 소득공제사항을 차감하면 종합소득세 과세표준이 나오게 된다. 과세표준은 세금을 부과하는 기준이 되는 금액이라는 의미다.

이 과세표준에 소득세율을 곱하여 1차적으로 소득세가 산출된다. 이것을 산출세액이라고 한다. 이 산출세액을 전부 납부해야 하는 것은 아니다. 산출된 세액에 보험료, 의료비, 교육비 등 여러 세액공제사항을 차감해 실제 부담할 세금이 정해진다. 그 외 가산세가 있으면 더해지고, 기존에 냈던 세금(기납부세액)이 있다면 차감해 최종적으로 납부할 세금이 결정된다.

계산구조가 처음에는 복잡해보이지만 몇 번 보다 보면 자연스럽게 이해하게 될 것이다. 2025년 기준 현행 소득세 세율은 6~45%의 누진세율이 적용된다. 따라서 소득이 커질수록 적용되는 세율도 커진다. 이 세율은 세법이 개정되면 변경될 수 있다.

종합소득세 계산구조

종합소득금액

⊖ 소득공제
- 기본공제(본인, 배우자, 부양가족)
- 추가공제(경로우대, 장애인 등)
- 연금보험료공제
- 주택담보노후연금 이자비용공제
- 특별소득공제(보험료, 주택자금공제)
- 조특법(주택마련저축, 신용카드 등 사용금액, 소기업·소상공인 공제부금, 장기집합투자증권저축 등)

종합소득과세표준

⊗ 세율(6~45%)

산출세액

⊖ 세액공제·세액감면
- 특별세액공제(보험료, 의료비, 교육비, 기부금, 표준세액공제)
- 기장세액공제
- 외국납부세액공제
- 재해손실세액공제
- 배당세액공제
- 근로소득세액공제
- 전자신고세액공제
- 성실신고확인비용 세액공제
- 중소기업특별세액감면 등

⊕ 가산세
- 무신고가산세
- 과소(초과환급)신고 가산세
- 납부지연 가산세
- 증빙불비가산세
- 무기장가산세 등

⊖ 기납부세액
- 중간예납세액
- 수시부과세액
- 원천징수세액 등

납부(환급)할 세액

출처: 국세청 홈페이지

연봉 1억 원이면 세금 얼마나 낼까?

> 직장인 나상식 씨는 오랜만에 동창들을 만났다. 친구들은 만나면 은근히 연봉 자랑을 해댄다. 대기업에 다니는 친구는 이제 연봉이 1억 원이 넘는다고 한다. 갑자기 내 월급이 초라해진다. 연봉 많이 받으면 한턱내라고 하니 여봉이 많으니 세금이 많이 나온다며 앓는 소리를 한다. 자랑하려고 괜한 엄살을 부리는 것 같아 얄밉기도 하다.

억대 연봉은 많은 직장인들의 꿈이다. 우리나라에서 얼마나 많은 사람들이 억대 연봉을 받고 있을까? 2024년 12월에 국세청에서 보도한 통계자료에 따르면 2023년 귀속 평균연봉은 4,332만 원이었고, 억대 연봉을 받는 사람은 139만 명으로 전체 근로소득자의 6.7%를 차지했다. 어떤가? 꽤 많은 사람들이 억대 연봉을 받고 있다. 내 월급만 빼고 다 오르는 거 같다.

하지만 억대 연봉을 받는 사람들은 세금을 훨씬 많이 내고 있다. 이 때문에 고액 연봉을 받는 사람은 불만을 가지기도 한다. 도대체 억대 연봉을 받으면 세금을 얼마 내는 것일까?

연봉 1억 원인 경우 실수령액은?

매달 간이세액표에 의해 세금이 원천징수되고, 1년에 한번 연말정산을 통해 정확한 세금이 계산된다. 연봉이 1억 원일 때 간이세액표에 따른 세금과 연말정산을 시뮬레이션 해보자.

연봉 1억 원을 12개월로 나누면 매월 월급은 833만 3,333원이다. 부양가족은 없다고 가정할 경우 간이세액표에 의한 소득세와 4대보험 요율에 의해 계산된 4대보험료를 제외하면 매달 실수령액은 650만 2,743원이 된다. 이렇게 원천징수되는 소득세와 4대보험의 1년간 총합계는 2,196만 7,080원이고 1년간의 실수령액은 7,803만 2,920원이 된다. 소득세와 지방소득세를 합친 세금만 1년에 1,362만 3,360원이다.

어떤가? 연봉 1억 원인데 생각보다 실수령액이 작아서 실망했는가. 연봉 1억 원을 받으면 엄청 부자가 되는 줄 알았는데, 막상 카드 값 내고 대출이자 내고 애들 학원비 내면 없는 것은 똑같다. 누가 그랬던가? 월급은 그저 스쳐가는 것이라고.

위의 금액은 간이세액표에 의해 원천징수된 세금이니 정확한 세금은 연말정산을 계산해보아야 한다. 계산의 편의를 위해 부양

연봉 1억 원인 경우 매월 실수령액

국민연금(4.5%)	28만 6,650 원
건강보험(3.545%)	29만 5,410원
ㄴ 요양보험(12.95%)	3만 8,250원
고용보험(0.9%)	7만 5,000원
근로소득세(간이세액)	103만 2,080원
ㄴ 지방소득세(10%)	10만 3,200원
년 예상 실수령액	7,803만 2,920 원
ㄴ 월 환산금액	650만 2,743 원

연봉 1억 원인 경우 연말정산 결과

① 총급여	1억 원	② 근로소득금액	8,525만 원
③ 과세표준	7,540만 6,280원	④ 산출세액	1,233만 7,507원
⑤ 결정세액	1,183만 7,507원	⑥ 기납부 소득세액 (먼저 낸 세금)	1,238만 4,960원
⑦ 차감징수납부(환급) 예상세액(⑤-⑥)	-54만 7,450원	⑧ 농어촌특별세	0원

가족과 소득공제, 세액공제 자료 없이 기본공제와 4대보험 납부액만 반영해서 계산해보겠다.

계산해보면 실제로 결정되는 소득세는 1,183만 7,507원이다. 따라서 기존에 더 많이 원천징수되었던 54만 7,450원의 소득세를 돌려받을 수 있다. 또한 소득세의 10%인 지방소득세 5만 4,740원도 돌려받게 된다. 이는 연말정산에 4대보험 납부에 대한 소득공제가 반영되었기 때문이다. 다른 소득공제, 세액공제 항목을 추가로 반영한다면 환급받을 수 있는 세금은 더욱 커지게 된다.

연봉 5천 vs 연봉 1억 vs 연봉 2억

그럼 연봉 5,000만 원일 때와 연봉 1억 원일 때 실수령액이 얼마나 차이가 나는지 비교해보자. 연봉이 5,000만 원인 경우 월급은 416만 6,667원이 된다. 간이세액표에 의한 소득세와 4대보험을 공제한 매월 실수령액은 353만 5,797원이다. 연봉 5,000만 원을 받던 사람의 연봉이 2배가 되어 연봉 1억 원이 된다면 실수령액도 2배가 될까? 아니다. 이미 살펴보았듯이 연봉 1억 원인 경우 매월 실수령액은 2배보다 적은 650만 2,743원이 된다.

연봉 5,000만 원인 사람의 경우를 정확한 세금계산을 위해 기본사항만 반영하여 연말정산을 돌려보면 어떻게 될까? 위에서 보듯이 연봉 5,000만 원일 때 최종 결정되는 소득세는 281만 2,224원인데, 연봉 1억 원일 때 소득세는 1,183만 7,507원이었다. 연봉이 2배 차이가 나는데 세금은 약 4.2배가 차이난다. 그럼 좀 더 금액을 키워서 연봉 2억 원이 되었을 때 세금을 비교해보자.

연봉이 2억 원인 경우 월급은 1,666만 6,667원이 된다. 간이세액표에 의한 소득세와 4대보험을 공제한 매월 실수령액은 1,127만 5,477원이다. 연말정산을 계산해보면 최종 부담하는 소득세는 4,389만 805원이다. 연봉 1억 원일 때와 비교해보면 연봉이 2배 차

연봉 5,000만 원인 경우 매월 실수령액

국민연금(4.5%)	18만 7,500원
건강보험(3.545%)	14만 7,700원
ㄴ 요양보험(12.95%)	1만 9,120원
고용보험(0.9%)	3만 7,500원
근로소득세(간이세액)	21만 7,320원
ㄴ 지방소득세(10%)	2만 1,730원
년 예상 실수령액	**4,242만 9,560원**
ㄴ 월 환산금액	**353만 5,797원**

연봉 5,000만 원인 경우 연말정산 결과

① 총급여	5,000만 원	② 근로소득금액	3,775만 원
③ 과세표준	3,154만 8,160원	④ 산출세액	347만 2,224원
⑤ 결정세액	281만 2,224원	⑥ 기납부 소득세액 (먼저 낸 세금)	260만 7,840원
⑦ 차감징수납부(환급) 예상세액(⑤-⑥)	20만 4,380원	⑧ 농어촌특별세	0원

이 나는데 세금은 약 3.7배가 차이난다.

왜 연봉은 2배 차이인데 세금은 2배보다 더 낼까?

예상했겠지만 바로 누진세율 때문이다. 우리나라 소득세는 누진세율이 적용된다. 따라서 소득의 크기가 커질수록 더 높은 세율이 적용된다. 연봉 5,000만 원일 때 과세표준은 3,154만 8,160원이기에 최고 15%의 세율이 적용된다. 연봉 1억 원일 때는 과세표준이 7,540만 6,280이기에 최고 24%의 세율이 적용되었고, 연봉 2억 원일 때는 과세표준이 1억 6,850만 2,120원이기에 최고세율은 38%가 적용된다. 이렇듯 과세표준에 따라 적용되는 세율 차이가 있기에 세금은 훨씬 더 많이 나오게 된다.

현재 소득세 최고 세율은 45%다. 만약 45%의 세율이 적용된다면 기분이 어떨까? 4대보험까지 고려하면 번 돈의 절반 이상을 세금과 보험료로 내게 된다. 이렇게 높은 세율이 적용된다면 억울하기도 할 것이다. 하지만 누진세는 소득을 재분배하는 역할을 한다. 국가는 부자에게 세금을 더 징수하여 어려운 사람들을 도와주기도 한다. 사회를 위해서 소득이 큰 사람이 더 부담하고 있다.

한편으로 이 누진세는 고소득자들의 근로의욕을 떨어뜨리기도 한다. 연봉을 2배 더 벌기 위해 밤낮없이 열심히 노력했는데 세금은 2배 이상 더 떼어가니 억울할 것이다. 그래서 적당히 돈을 벌며 워라밸을 지키려는 사람들도 많이 생겼다. 더 열심히 일할 수 있는데 세금 때문에 덜 일하는 것은 사회적으로는 손실이다. 고소득자들의 세율을 얼마나 높이는 것이 바람직한지는 가치판단의 문제다. 누진도를 높여 조세정책의 공평성을 중시하면 반대로 효율성에는 악영향을 미칠 수 있다.

연봉 2억 원인 경우 매월 실수령액

국민연금(4.5%)	28만 6,650원
건강보험(3.545%)	59만 830원
ㄴ 요양보험(12.95%)	7만 6,510원
고용보험(0.9%)	15만 원
근로소득세(간이세액)	389만 7,460원
ㄴ 지방소득세(10%)	38만 9,740원
년 예상 실수령액	**1억 3,530만 5,720원**
ㄴ 월 환산금액	**1,127만 5,477원**

연봉 2억 원인 경우 연말정산 결과

① 총급여	2억 원	② 근로소득금액	1억 8,325만 원
③ 과세표준	1억 6,850만 2,120원	④ 산출세액	4,409만 805원
⑤ 결정세액	4,389만 805원	⑥ 기납부 소득세액 (먼저 낸 세금)	4,676만 9,520원
⑦ 차감징수납부(환급) 예상세액(⑤-⑥)	-287만 8,710원	⑧ 농어촌특별세	0원

각각 연봉 5,000만 원, 1억 원, 2억 원인 경우 세금 비교

구분	5,000만 원	1억 원	2억 원
원천징수 소득세	260만 7,840원	1,238만 4,960원	4,676만 9,520원
원천징수 후 실수령액	4,242만 9,560원	7,803만 2,920원	1억 3,530만 5,720원
연말정산 과세표준	3,154만 8,160원	7,540만 6,280원	1억 6,850만 2,120원
적용세율	최고 15%	최고 24%	최고 38%
연말정산후 확정 소득세	281만 2,224원	1,183만 7,507원	4,389만 805원
연봉 대비 실효세율	약 6%	약 12%	약 22%

직장인이 봉인가! 연말정산 환급 잘 받는 노하우

> 직장인 나상식 씨는 최근 연말정산으로 기분이 좋지 않다. 주위 동료들은 다들 환급을 많이 받았다고 하는데 왜 자신만 환급받지 못하는지 이해가 되지 않았다. 급여담당자에게 물어봐도 제대로 계산했다고 한다. 평소 연말정산을 위해 딱히 준비한 것은 없지만 그렇다고 나만 환급 못 받는 것은 너무 억울하다.

유리지갑이라는 말을 들어보았을 것이다. 유리처럼 속이 훤히 보이기에 지갑 안에 얼마나 돈이 있는지를 쉽게 볼 수 있다는 의미다. 직장인들의 근로소득을 비유할 때 많이 사용되는 단어다. 회사는 원천징수의무에 따라 월급을 줄 때 반드시 소득세를 원천징수해서 신고해야 하기에 직장인의 소득은 그대로 과세관청에 드러나게 된다. 물론 사업소득자도 투명하게 소득을 신고해야 하지만 본인의 소득을 전부 신고하지 않으면 소득 전체가 당장 노출되지 않을 수도 있다. 이런 이유로 근로소득자는 사업소득자에 비해 상대적으로 불리한 면도 있다.

따라서 직장인은 연말정산을 잘 준비해서 세금을 최대한 줄여야 한다. 평소에 본인에 맞는 연말정산 소득공제 및 세액공제 사항을 잘 알고 어떻게 준비하느냐에 따라 환급을 받을 수도 있고 못 받을 수도 있다. 이렇게 연말정산을 통해 세금을 환급받으면 어차피 내가 낸 세금이고 더 많이 원천징수당했던 세금을 돌려받는 건데도 기분이 좋다. 고된 직장생활에 이런 낙이라도 있어야 하지 않겠는가.

연말정산 계산구조

연말정산 환급을 잘 받기 위해서는 우선 연말정산 계산구조를 이해해야 한다. 앞서 보았듯 근로소득금액은 총급여에서 근로소득공제를 차감하여 계산된다. 근로소득공제는 세법에 정해진 요율에 따라 계산되는 것이기에 절세를 위해 따로 준비할 수 있는 것은 아니다.

근로소득에서 소득공제를 차감하여 과세표준이 계산되고 여기에 소득세율을 곱하여 일차적으로 세금이 산출된다. 이 부분에서 우리가 절세를 위해 할 수 있는 것은 '소득공제'를 최대한 많이 적용하는 것이다. 이 '소득공제'는 총급여에서 차감하는 '근로소득공

연말정산 계산구조

- **총급여**
  - **총급여** 연봉(급여 + 상여 + 수당 + 인정상여) - 비과세소득
- (−) 근로소득공제
- (=) **근로소득금액**
  - **기본공제** 본인, 배우자, 부양가족(1명당 연 150만 원 공제)
  - **추가공제** 경로우대·장애인·부녀자·한부모
- (−) 인적공제
- (−) 연금보험료공제
  - 국민연금보험료 등 공적연금 보험료 납부액
- (−) 특별소득공제
  - 건강보험료 등, 주택자금(주택임차차입금, 장기주택저당차입금)
- (−) 그 밖의 소득공제
  - 개인연금저축, 소기업·소상공인공제부금, 주택마련 저축,
  - 벤처투자조합 출자 등, 신용카드 등 사용금액,
  - 우리사주조합출연금, 고용유지중소기업 근로자,
  - 장기집합투자증권저축(청년형 포함)
- (+) 소득공제 한도초과액
- (=) **종합소득 과세표준**
- (×) 기본세율(6~45%)

과세표	세율	산출세액 계산
1,400만 원 이하	6%	과세표준 × 6%
1,400만 원 초과 5,000만 원 이하	15%	84만 원 + (1,400만 원 초과금액 × 15%)
5,000만 원 초과 8,800만 원 이하	24%	624만 원 + (1억 5,000만 원 초과금액 × 24%)
8,800만 원 초과 1억 5,000만 원 이하	35%	1,536만 원 + (8,800만 원 초과금액 × 35%)
1억 5,000만 원 초과 3억 원 이하	38%	3,760만 원 + (1억 5,000만 원 초과금액 × 38%)
3억 원 초과 5억 원 이하	42%	9,406만 원 + (3억 원 초과금액 × 40%)
5억 원 초과 10억 원 이하	42%	1억 7,406만 원 + (5억 원 초과금액 × 42%)
10억 원 초과	45%	3억 8,406만 원 + (10억 원 초과금액 × 45%)

- (=) **산출세액**
- (−) 세액감면 및 공제
  - 세액 감면(중소기업 취업자 소득세 감면 등)
  - 근로소득세액공제
  - 자녀세액공제(8세 이상 기본공제대상자녀, 출산·입양)
  - 연금계좌세액공제
  - 특별세액공제(보장성보험료, 의료비, 교육비, 기부금)
  - 납세조합공제
  - 주택자금차입금이자세액공제
  - 외국납부세액공제
  - 월세액세액공제
- (=) **결정세액**
- (−) 기납부세액
- (=) **차감징수세액**

출처: 국세청 연말정산 안내

제'와 다른 것이다.

계산구조를 이어서 보면 일차적으로 산출된 세금인 산출세액을 전부 내는 것이 아니라 '세액공제'를 차감하여 최종 세금이 결정된다. 이를 결정세액이라고 한다. 따라서 이 부분에서 우리가 절세를 위해 할 수 있는 것은 '세액공제'를 최대한 많이 적용하는 것이다. 이 결정세액과 기존 급여를 받을 때 원천징수했던 세금을 비교하여 추가 납부를 할지 환급할지 결정된다. 계산구조가 복잡해 보이지만 결국 '소득공제'와 '세액공제' 사항이 많으면 많을수록 세금은 줄어드는 것이고 환급을 많이 받을 수 있다.

소득공제와 세액공제는 비슷해보이지만 소득공제는 말 그대로 소득에서 공제하는 것이고 세액공제는 산출된 세금에서 공제하는 것이다. 차이는 있지만 둘 다 세금을 줄여주는 고마운 제도다. 그럼 어떤 공제 항목들이 있는지 하나씩 살펴보겠다.

소득공제 항목들

인적공제

인적공제는 본인을 포함한 부양가족에 대한 공제다. 부양가족은 배우자, 직계존속, 직계비속, 직계비속의 배우자, 형제자매가 될 수 있다. 부양가족에 대한 공제를 받기 위해서는 부양가족이 소득 요건, 나이 요건을 충족해야 한다. 연간 소득금액이 100만 원 이하여야 하고 근로소득만 있는 자는 총급여 500만 원 이하여야 한다. 그보다 많은 소득이 있으면 부양가족 공제를 받지 못한다.

나이는 직계존속은 60세 이상, 직계비속은 20세 이하여야 한다. 다만 배우자와 장애인 부양가족은 나이의 제한이 없다. 공제를 받기 위해서 주소지가 반드시 동일할 필요는 없지만 형제자매는 주소지가 같아야 한다.

부양가족 공제대상자가 있으면 1인당 기본 150만 원을 공제해준다. 또한 장애인이면 200만 원, 70세 이상 경로자이면 100만 원 추가 공제가 가능하다. 만약 본인이 부녀자이면 50만 원, 한부모이면 100만 원을 추가로 공제한다. 특히 한부모공제와 부녀자공제는 놓치기 쉬우니 주의해야 한다. 배우자가 없는데 부양가족이 있거나, 배우자가 있으며 종합소득 3,000만 원 이하인 여성은 부녀자공제를 받을 수 있다. 또 배우자가 없는 자로 20세 이하 부양자녀가 있으면 한부모공제가 가능하다. 부녀자공제와 한부모공제가 동시에 적용되는 경우에는 금액이 큰 한부모공제가 적용된다.

공적보험료공제

직장인이 부담한 4대보험료에 대한 공제다. 국민연금, 건강보험료, 장기요양보험료, 고용보험료의 공적보험료에 대하여 공제받을 수 있다. 근로자가 부담한 보험료 전액 공제받게 된다. 4대보험 사용자부담분은 근로자가 공제받을 수 없다. 만약 회사가 보험료 근로자부담분까지 지급해주는 경우에는 해당 금액은 급여에 가산하고 보험료공제를 적용한다.

주택자금공제

무주택자는 주택마련저축공제, 주택임차차입금 원리금상환액공제, 장기주택저당차입금 이자상환액공제를 받을 수 있다. 무주택이며 총급여 7,000만 원 이하인 사람은 주택청약종합저축, 청약저축에 납입한 금액의 40%를 공제받을 수 있다. 연 300만 원의 납입한도가 있다.

국민주택규모 이하의 주택을 임차하기 위한 무주택 세대주의 주택임차차입금 원리금 상환액은 40%의 공제받을 수 있다. 전세자금대출에 대한 공제라고 이해하면 쉽다. 주택마련저축공제와 합쳐서 400만 원의 공제한도가 있다.

무주택 또는 1주택 보유한 세대주의 15년 이상 장기주택저당차입금의 이자상환액은 100% 공제가 가능하다. 주택규모의 제한은 없어졌으나 취득 당시 기준시가가 6억 원 이하여야 한다. 차입금 상환기간과 상환방식 등에 따라 연 600만 원에서 2,000만 원까지 공제한도가 정해져 있다.

벤처투자 등 소득공제

벤처투자조합 등에 투자하면 10%의 소득공제를, 벤처기업 등에 직접 투자하면 30~100%의 소득공제를 받을 수 있다. 공제받을 수 있는 한도는 근로소득금액의 50%이지만 투자금액의 100%까지 공제가 가능하기에 상당히 큰 혜택이다. 예를 들어, 벤처기업에 3,000만 원을 직접 투자하면 3,000만 원 전액 소득공제를 받을 수 있다. 이 벤처투자 소득공제로 상당히 큰 금액을 공제받을 수 있기에 고소득자들이 절세 수단으로 많이 활용하는 방법이다. 하지만 투자 후 3년 이내에 회수하면 공제받았던 세금이 추징되니 주의해야 한다.

신용카드 소득공제

신용카드공제는 일반인들이 가장 많이 알고 있는 공제항목이다. 신용카드, 직불카드, 현금영수증 사용금액 중 총급여의 25%를 초과하는 부분에 대해 15~40%의 공제를 받을 수 있다. 즉, 급여 대비 25%를 초과하여 사용해야 비로소 공제가 적용되기에 25% 이하로 사용했다면 공제가 되지 않는다. 총급여 7,000만 원 이하는 300만 원, 7,000만 원 초과는 250만 원의 공제한도가 있다. 추가공제도 있지만 이렇게 한도가 있기 때문에 신용카드를 아주 많이 쓴다고 하더라도 생각보다 절세가 많이 되는 것은 아니다.

세액공제 항목들

근로소득세액공제

특별한 요건을 갖추지 않더라도 누구나 근로소득세액공제를 받을 수 있다. 유리지갑인 근로자를 위해 어느 정도의 세금은 무조건 공제해주고 있다. 산출세액 130만 원 이하는 55%, 130만원 초과하는 부분은 30%를 공제해준다. 이것도 한도가 있다. 총급여액 기준으로 20~74만 원의 공제한도가 정해져 있다. 세액공제 항목에서 지방소득세 10%는 추가공제된다.

자녀세액공제

부양가족 공제대상자에 해당하는 8세 이상 자녀가 1명이면 15만 원, 2명이면 35만 원, 3명이면 65만 원의 공제를 받는다. 또 출산했다면 첫째는 30만 원, 둘째는 50만 원, 셋째는 70만 원의 공제를 받는다. 맞벌이 부부의 경우 직계비속 인적공제를 받는 자, 즉 부양가족 공제를 받는 자가 자녀세액공제도 받을 수 있다. 맞벌이 부부 각자 중복하여 받을 수는 없다.

연금계좌세액공제

연금저축계좌나 퇴직연금계좌 납입액의 12%나 15%를 공제받을 수 있다. 연금저축계좌는 연금저축이라는 이름을 사용하는 모든 계좌를 말하는 것이다. 퇴직연금계좌는 확정기여형퇴직연금(DC)와 개인형퇴직연금(IRP) 등이 있다. 납입액에 대해 총급여 5,500만 원 이하이면 15%를, 5,500만 원 초과하면 12%의 공제를 받는다. 연금저축계좌 납입한도는 600만 원이나 퇴직연금까지 포함하면 총 900만 원의 납입한도가 있다.

보장성보험료

일반 보장성 보험료에 납입한 금액에 대해 12%의 공제를 받을 수 있다. 납입액 한도가 100만 원이니 최대 12만 원의 세금을 줄일 수 있다. 만약 부양가족 중 장애인이 있다면 15%의 공제율이 적용되어 최대 15만 원의 공제를 추가로 받을 수 있다.

의료비

본인과 부양가족을 위해 지출한 의료비에 대해 15%의 공제를 받는다. 여기서 부양가족은 나이와 소득의 제한을 받지 않는다. 다만 총급여의 3% 초과하는 금액을 의료비로 지출해야 하기에 그 이하로 의료비를 지출했다면 세액공제를 받지 못한다. 또한 실손보험을 받은 부분은 공제를 받을 수 없다.

교육비

부양가족을 위해 지출한 교육비에 대해 15%의 공제를 받는다. 부양가족 나이에 제한이 없으나 직계존속은 제외된다. 취학 전 아동은 유치원비, 어린이집비, 체육학원비도 공제받을 수 있지만 초·중·고생의 일반 학원비는 대상이 아니다. 우리나라 사교육비에 들어가는 비용이 많은데 일반학원은 공제받지 못하니 아쉬운 부분이다.

교과서대금, 교복구입비, 방과후학교와 대학교 등록금도 공제 가능하다. 부양가족 초·중·고생 1인당 300만 원, 대학생 1인당 900만 원의 교육비 한도가 있다. 본인 교육비에 대한 한도는 없다. 본인도 대학, 대학원, 직업능력개발훈련의 수강료 등의 교육비 공제를 받을 수 있다. 하지만 역시 영어학원과 같은 일반학원은 대상이 아니다.

기부금

본인이나 부양가족이 기부한 금액에 대해 세액공제를 받을 수 있다. 이때 부양가족은 나이 제한이 없다. 정치자금 기부금과 고향사랑 기부금은 10만 원 이하는 전액을 공제받을 수 있고, 10만 원 초과하는 부분은 15%의 공제를 받을 수 있다.

일반 기부단체에 기부하면 1,000만 원 이하는 15%를 공제받을 수 있고, 1,000만 원을 초과하여 기부하면 30%의 공제받을 수 있다. 다만 기부단체 종류에 따라 한도가 다르게 적용된다. 특례기부금은 근로소득금액의 100%, 종교단체 기부금 10%, 그 외 일반기부금은 30%로 한도가 적용된다. 특례기부금은 국가, 지자체, 사립학교, 대학병원 등이 있고, 일반기부금은 비영리법인, 사회복지시설, 국민체육진흥기금, 노동조합 등이 있다. 세액공제를 받기 위해서 기부 후 기부금영수증을 발급받아야 한다.

월세세액공제

월세세액공제를 받기 위해서는 총급여 8,000만 원 이하인 무주택 세대주여야 한다. 또한 임차하는 주택이 국민주택규모이거나 기준시가 4억 원 이하 주택이어야 한다. 이 요건을 충족하면 지급한 월세액의 15%에 대해 세액공제 받을 수 있다. 만약 총급여가 5,500만 원 이하이면 15%가 아닌 17%의 공제율이 적용된다. 다만 월세지출액 1,000만 원을 한도로 공제를 적용한다.

절세방법 3가지

연말정산 팁

위에서 설명한 연말정산 소득공제, 세액공제 사항은 많으면 많을수록 좋다. 추가적으로 연말정산을 준비할 때 알면 좋을 팁을 몇 가지 소개하고자 한다.

부모님과 거주지가 다르더라도 소득이 없으면 부양가족으로 공제가능하다. 만약 부모님 소득이 있어 부양가족 공제가 안 되더라도 자식이 부모님 의료비를 지출한 경우에는 의료비 공제가 가능하다. 이런 사항들은 놓치지 말아야 한다. 의료비나 교육비를 신용카드로 결제하면 의료비세액공제, 교육비세액공제와 신용카드 공제를 같이 받을 수 있어 중복으로 혜택이 적용된다. 또한 신용카드보다 직불카드, 현금영수증이 공제율이 높아 더 유리하다. 신용카드는 15%이지만 직불카드, 현금영수증은 30%의 공제를 받는다. 따라서 직불카드, 현금영수증 사용 빈도를 높이는 것이 좋다.

맞벌이 부부의 경우 부양가족 등 각종 공제 사항은 급여가 많은 배우자가 받는 것이 유리하다. 소득이 많을수록 높은 세율이 적용되기 때문이다. 하지만 1인당 적용할 수 있는 한도가 있기에 무조건 몰아주는 것은 현명한 방법이 아니다. 또한 의료비는 총급여의 3%를 초과해야 하고, 신용카드는 총급여의 25%를 초과 사용해야 공제를 받을 수 있기에 때로는 소득이 적은 배우자가 지출하는 게 유리할 수 있다. 따라서 경우가 다양하므로 홈택스에서 제공하는 연말정산 모의계산을 통해 시뮬레이션을 해보는 것이 필요하다.

또 오피스텔이라고 주택관련 공제대상이 아닌 것은 아니다. 주거용 오피스텔의 경우에도 요건을 충족하면 주택임차차입금 원리금상환액공제와 월세세액공제가 가능하다.

근로소득 비과세

연말정산 시 공제사항을 반영하는 것도 중요하지만 절세를 위해서는 총급여를 최대한 줄이는 것부터 시작해야 한다. 직장인이 회사에서 받는 모든 금전은 근로소득에 해당하여 과세된다. 하지만 일부 항목은 비과세 된다. 비과세 된다는 것은 그만큼 세금이 부과되지 않기에 세금이 줄어드는 것이다. 따라서 이 비과세항목을 놓치지 않는 것이 중요하다.

근로소득 비과세의 대표적인 항목은 식대, 출산보육수당, 차량운전보조금 등이 있다. 근로자가 회사에서 받는 월 20만 원 이하의 식대는 비과세한다. 다만 식사를 별도로 제공받지 않아야 한다. 6세 이하의 자녀가 있다면 월 20만 원 이하의 출산보육수당을 비과세 받을 수 있다. 만약 맞벌이 부부라면 각자 회사에서 중복하여 비과세 받을 수 있다.

또 직장인이 소유한 차량을 업무에 사용하였을 경우 출장비 대신 받는 월 20만 원 이하의 차량운전보조금은 실비변상적 성격으로 보아 비과세된다. 그리고 월정급여 210만 원 이하이며 총급여 3,000만 원 이하의 생산직 근로자가 받는 연장근로, 야간근로, 휴일근로 수당은 연 240만 원을 한도로 비과세한다.

예를 들어, 식대 20만 원, 출산보육수당 20만 원, 차량운전보조금 20만 원을 모두 받는 사람은 한 달에 60만 원 그리고 1년에 720만 원의 급여에 대해 비과세받을 수 있다. 비과세를 적용하지 않는 사람과 납부하는 세금의 차이는 꽤 날 수 있으니 놓치지 말아야 한다.

중소기업취업자 세액감면

근로 의욕을 높이고 중소기업의 구인난을 해소하기 위해 일정 요건에 해당하면 세제혜택을 주고 있다. 중소기업에 취업한 청년, 60세 이상, 장애인, 경력단절 여성은 근로소득에 대해 소득세 감면을 받을 수 있다. 여기서 청년은 만 15세에서 만 34세의 근로자를 말한다. 이 세액감면을 적용 받으면 연 200만 원 한도로 소득세를 5년간 최고 90%까지 줄일 수 있다. 다만 일용근로자, 임원, 최대주주와 그 배우자 등은 혜택을 받을 수 없다. 또 법무, 회계, 세무, 보건업, 금융 및 보험업 등 세액감면 적용이 제외되는 일부 업종도 있다. 이 감면은 자동으로 적용되는 것이 아니라 근로자가 회사에 감면 적용을 신청을 해야 받을 수 있다. 따라서 절세를 위해서는 놓치지 않도록 주의해야 한다.

투잡해서 추가 소득이 생겼을 때 세금처리

"낮에는 직장인, 밤에는 배달기사."

요즘은 겸업(투잡)하는 사람들이 많아졌다. 통계청에 따르면 투잡족은 60만 명 이상인 것으로 집계됐다. 그만큼 하나의 수입원만으로 살기 어려워졌다는 말일 수도 있다. 한편으로는 예전과 다르게 평생직장의 개념이 없어졌기에 새로운 기회를 찾고 자기역량을 개발하려 하기도 한다. 더구나 업무환경의 변화로 시간과 장소의 구애를 받지 않고도 충분히 일을 할 수 있어서 N잡러들이 증가하고 있다. 투잡으로 추가 소득이 발생한 경우 세금은 어떻게 처리될까?

투잡 시 세금처리 방식

직장을 다니며 투잡을 한다면 주된 소득은 근로소득일 것이다. 하지만 부수된 소득은 소득의 종류가 무엇인지에 따라 세금처리 방법이 달라진다. 고용관계에 의해 근로를 제공하는지, 독립된 자격으로 용역을 제공하여 발생한 소득인지, 계속적·반복적으로 발생하는 소득인지에 따라 근로소득, 사업소득, 기타소득으로 구분되어 과세된다.

직장인이 직장 외에 다른 곳에서 근로소득의 형태로 투잡하는 경우는 많이 없을 것이다. 많은 회사들이 근로계약서상 겸업금지 의무를 명시하고 있다. 따라서 투잡하는 것이 근로계약 위반인지는 반드시 확인해보아야 한다. 투잡의 대부분은 사업소득의 형태일 것이다. 우리가 흔히 아는 프리랜서 소득이 여기에 해당한다.

소득의 구분

소득구분	개념	원천징수	세금정산
근로소득	고용계약에 따라 근로를 제공하고 발생하는 소득, 회사의 지휘 감독을 받음	간이세액표에 의해 원천징수	연말정산
사업소득	고용계약 없이 독립된 자격으로 용역을 제공. 회사의 지휘 감독을 받지 않음, 계속적·반복적으로 발생하는 소득	3.3% 원천징수	종합소득세 신고
기타소득	고용계약 없이 독립된 자격으로 용역을 제공. 회사의 지휘 감독을 받지 않음, 일시적으로 용역을 제공하고 발생하는 소득	8.8% 원천징수 (원천징수 세율은 22%이나 60%의 경비를 인정받는 기타소득은 8.8%로 원천징수됨)	종합소득세 신고 (300만 원 이하는 분리과세와 종합과세 선택가능)

프리랜서는 사업자등록 없이 독립된 자격으로 용역을 제공하는 자다. 물론 실제로 사업자등록을 하여 사업체를 운영하면 사업소득이 발생하게 된다. 하지만 직장을 다니며 별도의 사업체를 운영하기는 쉽지 않기에 본인의 능력이나 전문지식을 활용하여 프리랜서로 일하는 경우가 많다.

독립된 자격에서 용역을 제공할 때 계속적, 반복적인지 일시적인지에 따라 사업소득과 기타소득 형태로 나뉜다. 기타소득은 일시적으로 발생하는 소득이기에 투잡이라고 표현하기 어려울 수 있다. 예를 들어, 일시적으로 원고료나 강연료를 받는 경우 기타소득에 해당한다.

소득으로 한 건의 근로소득만 있으면 연말정산으로 모든 납세의무가 끝난다. 만약 투잡이 '근로소득+근로소득'의 형태라면 주로 근무하는 회사에서 두 소득을 합산하여 연말정산을 하게 된다. 부수된 회사에서 근로소득 원천징수영수증을 받아서 주로 근무하는 회사에 제출하면 소득을 합산하여 연말정산을 해준다. 만약 주된 회사가 합산하여 연말정산을 해주지 않으면 다음 해 5월 종합소득세 신고기간에 직접 합산해서 신고하면 된다.

만약 투잡이 '근로소득+사업소득'의 형태면 무조건 5월 종합소득세 신고기간에 합산하여 신고해야 한다. 근로소득에 대해서는 회사에서 연말정산을 해줄 것이고, 사업소득에 대해서는 소득을 지급하는 회사에서 3.3%의 세금을 원천징수해 납부했을 것이다. 종합소득세 신고기간에 두 소득을 합산해 정확한 세금을 계산한 후 기존에 냈던 세금이 더 많다면 돌려받고 더 적다면 추가 납부해야 한다.

'근로소득+기타소득'의 형태도 5월 종합소득세 신고기간에 합산해 신고해야 한다. 기타소득은 300만 원이 넘으면 무조건 합산해야 하지만 기타소득 300만 원 이하는 종합과세와 분리과세 중 유리한 방법을 선택할 수 있다. 분리과세를 선택하면 기존 원천징수가 됐던 세금으로 납세의무는 끝나게 된다. 일반적으로 기타소득은 8.8%의 세율로 원천징수된다. 만약 합산 후 과세표준이 1,400만 원 이하라면 6.6%의 세율이 적용되기에 합산해 신고하는 것이 유리하다.

프리랜서는 3.3%만 세금 내면 끝일까?

그럼 실제 숫자로 계산해보자. 연봉 5,000만 원인 직장인 나상식 씨는 (주)매경에 주기적으로 원고를 작성해주고 연봉 외에 총 1,000만 원의 수입을 얻었다. 이때 세금은 어떻게 될까?

나상식 씨가 프리랜서로 일해서 번 1,000만 원은 인적용역 사업소득에 해당한다. 인적용역에 대한 소득을 지급하는 (주)매경은 3.3%의 세율(지방소득세 포함)로 원천징수해 세무서에 신고했을 것이다. 따라서 30만 원의 소득세와 3만 원의 지방소득세는 나상식 씨가 이미 납부한 세금이 된다. 하지만 원천징수만 한 것이기에 5월에 근로소득과 사업소득을 합산해 제대로 세금을 계산해 신고해야 한다. 구체적으로 계산해보면 아래와 같다.

나상식 씨의 소득 예시

구분	근로소득	사업소득
수입금액	5,000만 원	1,000만 원
근로소득공제, 필요경비	1,225만 원	641만 원
소득금액	3,775만 원	359만 원
종합소득	4,134만 원	
소득공제	620만 1,840원	
과세표준	3,513만 8,160원	
산출세액	401만 724원	
세액공제	66만 원	
결정세액	335만 724원	
기납부세액	281만 2,224원	30만 원
차감납부세액	23만 8,500원	

근로소득은 총급여에 근로소득공제를 차감하여 계산하고, 사업소득은 수입금액에서 필요경비를 차감하여 계산한다. 필요경비는 실제 필요경비를 적용하는 것이 원칙이지만, 경비율을 적용해 계산할 수도 있다. 사례에서는 64.1%의 단순경비율을 적용해 계산했다. 이렇게 계산된 근로소득과 사업소득을 합산하면 종합소득이 나오고 소득공제를 차감하면 과세표준이 나오게 된다.

또 사례에서는 기본공제와 4대보험공제만 적용했다. 여기에 세율을 곱하여 산출세액을 계산하고 세액공제를 차감하면 부담할 세액이 결정된다. 사례에서는 근로소득 세액공제 66만 원만 적용됐다. 이렇게 결정된 세액은 335만 724원이다. 여기에 기존에 납부했던 세액 311만 2,224원(281만 2,224원+30만 원)을 차감하면 소득세 신고로 인해 추가 납부할 세액 23만 8,500원이 계산된다. 10%의 지방소득세 2만 3,850은 별도로 납부해야 한다.

투잡했을 때 4대보험은 어떻게 될까?

'근로소득+근로소득'의 형태로 투잡하면 각 회사에서 받는 보수에 각각 4대보험료가 부과된다. 한곳에 부과됐다고 다른 곳에서 면제받는 것은 아니다. 다만 고용보험은 이중취득이 제한되기에 한곳에만 가입이 된다. 또 국민연금은 기준소득월액 상한액이 있어서 월급이 많아도 그 이상은 부과되지 않는다. 2025년 기준소득월액 상한액은 637만 원이다. 따라서 두 곳의 월급을 합쳐 기준소득월액 이상이 되면 그 이상은 부과되지 않도록 조정이 된다. 건강보험료도 상한이 있지만 매우 커서 웬만해서는 상한에 걸리지 않는다. 건강보험료 상한에 걸리는 보수월액은 대략 1억 2,700만 원 정도다.

'근로소득+사업소득'의 형태로 투잡하는 경우도 생각해보자. 사업소득자는 고용보험 대상이 아니다. 기존 근로소득이 있으니 직장가입자로 4대보험이 부과되고 있을 것이다. 이때 근로소득 외 소득이 연간 2,000만 원이 넘어가면 건강보험료 추가 부담금이 나온다. 결국 사업소득이 많아지면 보험료 부담도 자연히 높아진다.

회사 몰래 투잡을 하면 현재의 직장에서 투잡하는 것을 알

수 있을까? 많은 직장인들이 궁금하게 여기는 부분이다. '근로소득＋사업소득'의 형태는 비교적 괜찮다. 사업소득이 일정액을 초과하면 건강보험료가 부과되지만 기존 직장에는 통보되지 않는다. 다만 '근로소득＋근로소득'의 형태는 위험하다. 고용보험은 이중취득이 불가능하다. 한곳에서 고용보험을 가입하면 다른 곳에서는 가입이 안 된다.

두 월급을 합쳐 국민연금 상한액에 걸리면 소득비율로 조정되기에 회사가 자연스럽게 알게 된다. 건강보험도 상한액이 있지만 상한이 상당히 크기에 이것으로 걸리기는 쉽지 않다. 투잡해서 돈도 벌고 경력을 쌓는 것도 좋지만 회사규정에 문제없는 범위 내에서 해야 한다.

프리랜서도 사업자등록을 해야 할까?

프리랜서로 일하여 발생하는 소득은 세법상 사업소득에 해당한다. 그러면 프리랜서도 반드시 사업자등록을 해야 하는지 의문이 들 것이다. 결론적으로 말하면 프리랜서는 사업자등록이 필요 없다. 일반적인 사업자는 부가가치세법에 따라 사업자등록을 해야 한다. 하지만 프리랜서처럼 직원을 고용하지 않고 독립적으로 인적용역을 제공하는 사람은 부가가치세 과세대상이 아니므로 사업자등록 의무도 없다. 하지만 사무실을 임차하거나 직원을 채용하여 인적시설이나 물적시설을 갖춰 사업을 한다면 더 이상 부가가치세가 비과세되는 인적용역의 제공자가 아니게 되고 사업자등록을 해야 한다.

　그럼 세금측면에서 인적시설이나 물적시설을 갖추어 사업자등록을 하는 것이 유리할까 아니면 계속 프리랜서 형태로 유지하는 것이 유리할까? 사업자등록을 하면 부가가치세 과세대상이 된다. 세금계산서 발급의무도 생기며 기존에 납부하지 않았던 부가가치세도 납부해야 하니 불리해진다. 하지만 소득세 계산 시 프리랜서보다 더 많은 경비를 인정받을 수 있고 세법에서 정해진 세액공제, 세액감면을 받을 수 있다. 만약 사업자등록을 하고 창업중소기업 세액감면을 100% 받는다면 5년간 소득세를 안 낼 수 있기에 부가가치세를 부담하더라도 이득일 수 있다

3장

재테크할 때 알아야 할 세금 상식

적금, 펀드?
재테크의 기본은 세금이다

　남녀노소 불문하고 우리 모두 재테크에 관심이 크다. 국어사전을 찾아보면 재테크는 '재무 테크놀로지'의 줄임말이라고 한다. 쉽게 말해 돈을 불리는 것을 말한다. 과거에는 돈을 밝히는 것을 도덕적으로 좋게 보지 않았지만 지금은 부자가 되는 것이 미덕인 세상이 됐다. 하지만 부자 되기가 쉽지 않은 세상이다. 월급만으로 부자 되기는 정말 어렵다. 어떻게든 미래를 대비해야 하고 돈을 불려 나가야 한다.

　재테크의 기본은 예금이나 적금에 가입하는 것이다. 하지만 안타깝게도 요즘은 저금리의 시대다. 1980년대에는 20%대 금리도 있었다고 하는데 요즘은 잘해야 4~6%대. 예금을 넣어 이 금리로 돈 버는 것보다 물가 오르는 속도가 더 빠른 것 같다.

재테크를 하더라도 현명하게 해야 한다. 적금, 펀드, 보험, ISA 등 다양한 금융상품을 잘 활용해야 한다. 또한 주식, 부동산, 가상화폐에 관심을 가지고 투자하는 것도 좋다. 이렇게 다양한 재테크 방법을 활용하여 본인에 맞는 포트폴리오를 구성하는 것이 필요하다. 그러기 위해서 우리는 세금을 잘 알아야 한다. 재테크의 진정한 성과는 세후수익으로 측정되기 때문이다. 재테크를 해서 세금을 많이 내면 그만큼 수익률이 나빠지게 된다. 그럼 재테크로 돈을 벌 때 세금은 어떻게 부과되는지 알아보자.

금융소득 과세방식을 이해하자

가장 전통적이고 기본적인 재테크 방법은 금융기관에서 이자를 받는 것이다. 이자소득은 타인에게 자금을 빌려주고 받는 대가다. 우리가 일반적으로 예금, 적금에 가입하여 받는 이자나 채권의 이자와 할인액, 저축성보험차익 등이 소득세법상 이자소득에 해당한다. 이자소득은 배당소득과 함께 소득세법상 금융소득에 해당한다. 배당소득은 법인에 투자한 주주가 받는 수익분배금을 말한다. 주식투자를 해본 사람은 배당금을 한두 번씩 받아보았을 것이다.

이런 이자소득과 배당소득을 계산할 때 필요경비는 무조건 인정되지 않는다. 소득세법상 다른 소득은 수입금액에서 필요경비나 소득공제를 차감하여 계산되는데 금융소득은 경비를 인정해주지 않는다. 하지만 금융사업자의 이자, 배당소득에는 필요경비가 인정된다.

예를 들어, 개인이 연 4%의 이자율을 부담하고 1,000만 원의 돈을 빌려서 5%의 이자를 주는 금융상품에 가입하는 경우를 생각해보자. 이자수익은 1년에 50만 원이 되고 이자비용은 40만 원이 된다. 그럼 10만 원이 이자소득이 되어야 하는데, 필요경비가 인정되지 않기에 50만 원 전체가 이자소득이 된다. 만약 동일한 경우인데 개인이 아니라 금융업을 하는 사업자라면 경비가 인정되기에 사업소득은 10만 원이 된다.

금융소득은 연 2,000만 원까지는 15.4%로 분리과세되며, 2,000만 원을 초과한 경우에는 기본세율로 종합과세된다. 은행에서 이자를 받아 본 경험은 다들 있겠지만 정말 소액인 경우가 대부분이다. 소액의 이자를 받으면 15.4%의 이자를 떼고 받게 된다. 이렇게 원천징수로 과세를 끝내는 것이 분리과세다. 소액의 이자를 전부 종합과세하는 것은 매우 번거로우니 편의상 분리과세로 끝내고 있다. 따라서 금융소득이 2,000만 원이 넘어 종합과세되는 사람들은 정말 돈이 많은 부자들이다. 다들 돈 많이 벌어서 언젠가는 금융소득 종합과세를 해보기를 바란다.

금융소득 2,000만 원 초과 시 종합소득세 계산

① (종합소득 과세표준 − 2,000만 원 × 기본세율) + (2,000만 원 × 15.4%)
② (금융소득 × 원천징수세율) + (다른 종합소득 − 종합소득공제) × 기본세율
①, ② 중 큰 금액을 과세

금융소득이 종합과세될 때는 ①, ② 둘 중 큰 금액으로 과세된다. 금융소득이 2,000만 원을 초과하여 종합과세되더라도 ①번처럼 2,000만 원까지는 15.4%로 과세된다. 즉, 2,000만 원을 초과하는 부분에 대해서만 종합과세가 된다는 말이다. 만약 사업소득이 결손인 경우 종합과세되면 금융소득을 분리과세하는 것보다 오히려 세금이 줄어들게 된다. 하지만 이것은 허용되지 않는다. 따라서 ②번 기준을 두어 금융소득은 최소 원천징수세율(15.4%) 이상으로 과세하고 있다.

금융소득이 3,000만 원인 사람이 사업소득 1억 원이 있다면 세금은 어떻게 될까? 소득공제는 기본공제 150만 원만 적용된다고 가정해보겠다.

① [(1억 3,000만 원 – 2,000만 원 – 150만 원) × 35% – 1,544만 원] + (2,000만 원 × 14%) = 2,533만 5,000원

② (3,000만 원 × 14%) + [(1억 원 – 150만 원) × 35% – 1,544만 원] = 2,323만 5,000원

지방소득세는 제외하고 계산했을 때, 결국 둘 중 큰 금액인 2,533만 5,000원으로 과세된다.

돈을 금융기관에 넣고 이자를 받는다면 15.4%로 원천징수된다. 간혹 금융기관이 아닌 일반 개인에게 돈을 빌려주고 이자를 받는 경우도 있다. 이것을 비영업대금이익이라고 한다. 친구나 가족, 지인에게 돈을 빌려주고 받는 이자라고 이해하면 된다. 비영업대

금의 원천징수세율은 27.5%다. 금융기관에 저축하여 이자를 받는 것은 장려하지만 개인 간의 이자를 받는 것은 장려하지 않는 듯하다. 사채에서 발생하는 이자는 불로소득으로 보아 더 높은 세율을 적용한다.

금융기관에서 이자를 줄 때는 금융기관이 원천징수를 해서 신고하게 된다. 세법상 원천징수의무는 소득을 지급하는 자에게 있기 때문이다. 개인 간의 이자를 주고받을 때도 마찬가지다. 이자를 주는 사람이 27.5%로 원천징수해 신고하는 것이 원칙이다. 만약 이자를 주는 사람이 원천징수해 신고하지 않더라도 이자를 받는 사람은 종합소득세 신고기간에 발생한 이자소득을 스스로 신고해야 한다.

그럼 이런 생각도 들 수 있다. "개인 간 주고받는 이자를 반드시 신고해야 하나? 안 해도 모르지 않을까?" 사실 과세관청에서 비영업대금의 이자소득을 제대로 신고했는지 파악하기는 쉽지 않다. 하지만 추후 상속, 증여, 세무조사, 자금출처조사 등을 받게 되어 자금거래가 포착되면 신고하지 않았던 세금이 추징될 수 있으니 주의해야 한다.

법인에서 받는 배당금을 활용하면 절세할 수 있다

금융소득이 2,000만 원이 넘어 종합과세되는 경우는 많지 않다. 하지만 법인을 운영하는 법인사업자는 종합과세되는 경우가 종종 있다. 법인으로부터 받은 배당금이 2,000만 원이 넘는 경우도 있기 때문이다. 삼성전자 주식을 보유하면 받는 배당도 배당소득이고, 내가 운영하는 법인에서 받는 배당도 배당소득이다.

법인의 대표자는 법인에 소속된 근로자다. 따라서 대표자는 법인으로부터 급여를 받아서 자금을 인출해야 한다. 또 다른 자금 인출방법은 배당을 받아 인출하는 것이다. 법인 설립 시 출자하여 주식을 보유하고 있으면 주식보유 비율에 따라 배당을 받을 수 있다. 대표자가 받아가는 급여가 크다면 적용되는 소득세율이 30~40% 정도 될 수 있다. 하지만 금융소득은 2,000만 원까지는 15.4%로 분리과세되기에 상대적으로 저율의 세율로 자금을 인출할 수 있다.

소규모 법인의 경우 지분을 분산하여 가족명의의 주식을 보유하기도 한다. 금융소득 분리과세 기준인 2,000만 원은 1인 기준으로 적용되는 기준이다. 따라서 가족들에게 지분을 분산하면 가족 각각 2,000만 원의 배당을 받을 수도 있다. 회사 가치가 낮을 때 미리 가족에게 지분을 증여하는 것이 좋다. 부의 이전 관점에서 증여세, 상속세 문제도 미리 대비할 수 있고 배당을 받으면 가족의 자금출처도 미리 확보할 수 있다.

하지만 주의할 점도 있다. 배당금은 지분비율대로 지급하는 것이 원칙이다. 지분비율대로 배당을 하지 않는다면 증여세 문제가 발생한다. 만약 대표자가 90%, 배우자가 10%의 지분을 가지고 있는 경우 1억 원의 잉여금을 배당하기로 결의했다면, 배우자는 1,000만 원의 배당금만 받아갈 수 있다. 만약 지분비율을 초과하여 2,000만 원의 배당금을 받는다면, 초과분인 1,000만 원에 대해서는 대표자가 본인의 이익을 배우자에게 증여했다고 본다. 따라서 배우자에게 증여세가 부과된다. 이렇게 법인으로부터 배당을 받을 수 있다면 금융소득 분리과세를 잘 활용하는 것이 절세하는 하나의 방법이다.

보험 들기 전에 보험 과세방식부터 알자

요즘 누구나 가지고 있는 것이 보험이다. 보험은 언제 발생할지 모르는 사고에 대비하는 것이 목적이다. 4대보험과 같은 공보험이 있지만 충분히 대비하기는 부족해서 다양한 사보험에 가입한다. 보험은 종류가 많다. 생명이나 신체를 대상으로 하는 생명보험, 재산을 대상으로 하는 손해보험, 중간적인 성격을 띠는 제3의 보험으로 나누기도 한다. 하지만 보험관련 세금을 잘 이해하기 위해서는 보장성보험과 저축성보험으로 나누는 것이 쉽다. 저축성보험인지 보장성보험인지에 따라 과세여부가 달라지기 때문이다.

저축성보험은 보장기능이 있지만 목돈마련이 주된 목적이다. 따라서 저축성보험은 만기 시 납입한 보험료보다 환급금이 더 크기에 보험차익이 발생한다. 이 보험차익은 세법상 이자소득에 해당해서 금융소득으로 과세된다. 다만 10년 이상 장기저축성보험의 보험차익은 비과세된다. 10년이 넘는 장기간 동안 돈을 모은 경우에는 세제혜택을 주고 있다. 오래 기다리는 자에게 복이 있는 것이다. 만약 장기저축성보험에 가입 후 10년이 되기 전에 중도해지하면 역시 이자소득으로 과세된다.

보장성보험과 저축성보험의 비교

구분	보장성보험	저축성보험
보험료 납입 시	세액공제	세제혜택 없음
사고로 보험금 수령	과세대상 아님	과세대상 아님
만기 환급금 수령	보험차익 없음	10년 미만: 이자소득세 과세 10년 이상: 비과세
사망 시	상속세 과세	상속세 과세

보장성보험은 사고나 손해에 대비하는 것이 주된 목적이다. 따라서 만기환급금이 없거나 납입보험료의 일부를 환급해준다. 이런 보험에는 생명보험, 실손보험, 자동차보험, 화재보험, 상해보험 등이 있다. 보장성보험은 보험차익이 발생하지 않기에 따로 과세가 되지 않는다. 만약 사고가 발생하여 보험계약에 따라 보험금을 수령하더라도 과세가 되지 않는다. 아프거나 손해를 보아서 보험금을 받은 것이지 세법상 소득이 발생한 것이 아니기 때문이다. 다만 사업자가 사업용자산의 손실에 대해 보험금을 받았다면 사업소득으로 과세가 된다.

사망보험금은 상속 시 상속재산에 포함되어 과세된다. 이때 보험금은 2억 원을 한도로 금융재산상속공제가 적용된다. 만약 상속재산 대부분이 부동산인 경우 상속이 이루어지면 상속세가 나오게 되고, 상속세를 납부할 돈이 없으면 부득이하게 부동산을 처분해야 하는 경우가 발생한다. 따라서 종신보험을 들어 미리 상속세를 납부할 재원을 마련할 수도 있다.

모든 사망보험금에 상속세가 과세되는 것은 아니다. 피상속인을 피보험자로 하였으나 수익자와 계약자가 상속인이면 상속재산에 포함되지 않는다. 다만 보험계약 명의만 상속인이고 실제로 보험료 납부한 사람이 피상속인이라면 사망보험금은 상속세가 과세된다. 피상속인의 배우자가 계약자가 되어 보험계약을 하면서, 피상속인을 피보험자로 설정하고 수익자를 자녀(상속인)로 설정하면 부모가 자식에게 보험금을 증여한 것으로 보아 증여세가 과세된다.

- 피보험자: 보험사고의 대상이 되는 자
- 수익자: 보험금을 청구하여 받을 수 있는 자
- 계약자: 계약을 체결하고 보험료 납부의무를 지는 자

보험계약자	피보험자	보험수익자	상속세 과세여부
피상속인	피상속인	상속인	과세
상속인	피상속인	상속인	과세되지 않음

보험계약자	피보험자	보험수익자	상속세 과세여부
아버지(본인)	아버지(본인)	어머니(배우자)	상속재산에 포함되어 상속세 과세
어머니(본인)	아버지(배우자)	어머니(본인)	상속재산이 아니며 상속세 과세되지 않음, 다만 실질불입자가 아버지(배우자)라면 상속세 과세
어머니(본인)	아버지(배우자)	자녀	어머니가 자녀에게 보험금을 증여한 것으로 보아 증여세 과세

절세고수는
어떤 금융상품에 가입할까?

나상식 씨는 재테크 초보다. 은행에 다니는 친구의 권유로 펀드와 보험을 한 개씩 가입한 게 전부다. 돈은 매달 빠져나가는데 세제혜택이 어떤 게 있는지도 정확히 모른다. 그동안 돈을 벌어도 계획 없이 쓰기만 했으니 돈을 모으지도 못했다. 이제 결혼자금도 필요하니 재테크를 해 돈을 모아보기로 마음먹었다.

재테크하기로 마음먹었다면 가장 쉽게 할 수 있는 것이 은행이나 증권사 영업점에 방문하여 금융상품을 알아보는 것이다. 창구에서 상담받아 보면 다양한 상품을 권유해준다. 그럼 이 중에서 어떤 상품에 가입해야 하는 것일까? 설명을 들어 보면 어려운 용어도 나오고 이해가 어렵기도 하다. 그러다 얼떨결에 아무 상품이나 가입하기도 한다.

하지만 상담자가 소개해준 상품이라도 무조건 좋은 상품은 아닐 수 있고, 아무리 좋은 상품이라도 나에게 맞지 않는 상품일 수도 있다. 남들이 많이 가입하는 상품이라고 무작정 따라 가입했다 후회하는 경우도 많다. 따라서 본인 스스로 어느 정도 금융지식을 가지고 있어야 한다.

상품별로 가입기간이나 수익률, 원금보장 여부가 다를 수 있다. 본인의 자산 상황과 현금흐름 그리고 투자성향에 맞는 상품을 구성해야 한다. 그리고 중요한 것은 세제혜택이 있는 상품을 가입하는 것이다. 세제혜택이 있는 상품은 어떤 상품이 있을까?

사회초년생이면 비과세상품은 꼭 가입하자

국민들이 안정적으로 자금을 마련하여 미래를 대비하도록 만들기 위해 세법은 여러 가지 비과세혜택을 주고 있다. 이런 금융상품에 가입하여 발생한 금융소득은 비과세된다. 따라서 이런 상품은 기본적으로 가입하는 것이 좋다.

10년 이상 저축성보험

앞장에서 보았듯 10년 이상 장기저축성보험은 비과세된다. 하지만 보험료를 일시 납입한 경우 계약기간이 10년 미만이거나, 계약기간이 10년 이상이지만 납입보험료 합계액이 1억 원을 초과했다면 이자소득으로 과세된다. 계약기간 10년 이상 월 적립식 저축성보험도 비과세되는 조건이 있다. 납입기간이 5년 이상이고 월납입보험료가 150만 원 이하인 경우에 비과세된다. 계약기간이 장기이기에 사회초년생 때부터 미리 가입하는 것이 좋다.

개인종합자산관리계좌(ISA)의 소득 중 200~400만 원 이내

ISA(Individual savings account)는 개인이 1개의 계좌에 예금, 펀드, ELS등 다양한 금융상품을 구성하여 관리하는 계좌를 말한다. 의무 가입기간은 3년이고 총 납입한도는 연간 2,000만 원이며 누적한도 1억 원이다.

ISA에서 발생하는 이자와 배당소득에 대해서는 200만 원(일반형)까지 비과세된다. 하지만 직전 과세기간 총급여가 5,000만 원 이하이거나 종합소득 3,800만 원 이하인 경우에는 비과세한도가 400만 원(서민형)으로 늘어난다. 이 비과세 한도까지는 세금이 부과되지 않으며, 한도를 초과하는 부분은 9.9%의 세율로 무조건 분리과세된다.

기타 비과세 금융상품

청년이거나 고령자나 장애인이거나 군인인 경우와 같이 일정 조건이 되면 비과세 혜택을 받을 수 있다. 청년우대형 주택청약종합저축, 청년도약계좌, 청년희망적금, 비과세종합저축, 농협·수협·신협·새마을금고 예탁금, 장병내일준비금에서 발생하는 소득은 일정 범위 내에서 비과세된다. 특히 청년들에 대한 세제혜택이 많다. 여기서 청년은 만 19세 이상 34세 이하를 말한다. 청년은 이런 제도를 잘 활용하여 재테크하는 것이 좋다.

연말정산 공제받을 수 있는 다양한 금융상품들

세액공제를 받을 수 있는 보장성보험

연말정산 시 소득공제나 세액공제를 받을 수 있는 금융상품이 있다. 보험료 세액공제, 연금저축 세액공제 등이 대표적인 예다. 이런 상품에 가입하면 근로소득세를 절세할 수 있다. 보장성보험료 납입액에 대해 연말정산 시 13.2%(지방소득세 포함)의 세액공제를 받을 수 있다. 이 세액공제는 근로소득자만 가능하며 사업소득자는 적용되지 않는다.

세액공제를 받을 수 있는 한도가 있다. 보험료 세액공제를 받을 수 있다는 것을 아는 사람은 많은데 한도가 있다는 것을 모르는 사람도 많다. 그래서 보험을 많이 들수록 세금을 많이 줄일 수 있다고 생각한다. 하지만 모든 보험을 합쳐서 연 100만 원까지 가능하다. 1인당 받을 수 있는 최대 공제액은 13만 2,000원(지방소득세 포함)이다. 장애인이라면 일반 보장성보험과 별도로 장애인전용 보장성 보험에 대해 16.5%의 세액공제를 받을 수 있다.

본인이 아닌 부양가족의 보험료 세액공제는 계약에 따라 다를 수 있다. 따라서 보험가입 시 주의해야 한다. 보험료 세액공제는 계약자와 피보험자가 모두 본인이거나 기본공제 대상자여야 가능하다. 따라서 맞벌이 부부의 경우 본인이 계약자이고 배우자가 피보험자이면 본인 및 배우자 모두 보험료 세액공제를 받을 수 없다.

보장성보험 계약별 세액공제 가능 여부

계약자 피보험자	근로자	기본공제대상	그 외 부양가족
근로자	공제	공제	공제 불가
기본공제대상	공제	공제	공제 불가
그 외 부양가족	공제 불가	공제 불가	공제 불가

20세가 넘은 자녀도 기본공제 대상자가 아니기 때문에 피보험자로 한 경우에는 공제를 받을 수 없다. 또 형이 연말정산 시 부모님에 대한 기본공제를 받고 있으면, 동생이 부모님을 피보험자로 보험가입한 경우에 동생과 형 모두 보험료 세액공제를 받을 수 없다.

맞벌이 부부인 근로자 남편이 계약자이고 피보험자가 부부공동인 보장성보험의 보험료는 남편의 연말정산 시 보험료공제 대상에 해당한다. 남편이 자녀에 대한 기본공제를 받고 있는데 맞벌이 배우자가 자녀를 피보험자로 계약한 경우에도 공제받을 수 없다.

간혹 회사가 직원의 보장성 보험료를 대신 부담해주는 경우도 있다. 이때는 회사가 납부해준 보험료를 급여로 보아 근로소득세가 과세되며 근로자는 해당 보험료에 대해 세액공제를 받을 수 있다.

연금계좌세액공제

연금계좌에 납입한 금액에 대해 13.2~16.5%의 세액공제를 받을 수 있다. 여기서 연금계좌는 연금저축계좌와 퇴직연금계좌를 말한다. 연금저축계좌는 연금저축이라는 명칭을 사용하는 모든 계좌이고, 퇴직연금계좌는 확정기여형퇴직연금(DC)과 IRP 등이 있다. 연금저축계좌 납입한도는 600만 원이며, 퇴직연금 납입액을 포함하여 총 900만 원 한도가 있다. 세액공제를 받을 수 있는 사람은 종합소득이 있는 자다. 따라서 근로소득자뿐 아니라 개인사업자도 공제받을 수 있다.

주택마련저축 소득공제

총급여 7,000만 원 이하인 무주택 세대주는 주택마련저축 납입액의 40%에 대해 소득공제를 받을 수 있다. 이런 주택마련저축에는 청약저축, 주택청약종합저축이 있다. 연 납입액 300만 원 이하의 금액에 대해 공제 가능하며, 주택임차차입금 원리금상환액공제와 합쳐서 연 400만 원의 공제한도가 있다.

청년형 장기집합투자증권저축 소득공제

만 19~34세의 청년이 소득공제받을 수 있는 상품이 있다. 총급여 5,000만 원 이하이거나 종합소득 3,800만 원 이하인 경우 장기집합투자증권저축 납입액 40%에 대해 소득공제를 받을 수 있다. 전 금융기관을 합쳐 납입액이 연 600만 원 이내여야 하고 공제한도는 연 240만 원이다.

소기업, 소상공인 공제부금 소득공제

노란우산공제에 가입하여 불입하는 금액에 대해 소득공제를 해준다. 소득금액에 따라 200~600만 원의 공제한도가 있다. 총급여 8,000만 원 이하인 법인대표자나 개인사업자가 공제받을 수 있다. 아쉽지만 일반 직장인은 해당이 없다.

국내주식투자 vs 해외주식투자, 세금 차이가 있을까?

> 나상식 씨는 오랜만에 고향 친구를 만났다. 친구가 최근 해외주식으로 돈을 벌었다고 은근히 자랑을 한다. 겉으로는 축하했지만 내심 엄청 부러웠다. 난 왜 주식투자도 안 하고 바보 같이 일만하고 살았는지 후회된다. 이제라도 친구 따라 주식투자를 해보기로 마음먹었다. 국내주식에 투자할까 해외주식에 투자할까 고민이다. 돈을 벌면 기존 소득에 더해져 괜히 세금만 더 많이 나오는 건 아니지 궁금해졌다.

코스피 4,000을 바라보는 시대에 살고 있다. 주위에 주식을 하는 사람도 많아졌다. 직장을 다니며 재테크로 주식하기도 하고 전업투자자로 주식하기도 한다. 하지만 주식으로 실제 돈을 많이 버는 사람은 많지 않다. 시장이 상당히 좋을 때도 내가 손대는 종목만 내려가는 신기한 경험을 해보았는가? 주식투자를 하더라도 세금을 제대로 알고 투자하는 것이 현명한 방법이다.

주식에 투자하여 발생한 소득은 소득세법상 양도소득이다. 주식을 싸게 사서 보유하다 비싸게 팔아 소득을 발생시키게 된다. 양도소득은 종합소득이 아니기에 근로소득, 사업소득 등 다른 소득과 합산되어 과세하지 않는다. 주식을 가지고 있으면 보유기간 중에는 배당을 받게 된다. 이렇게 배당을 받으면 소득세 중 배당소득으로 과세가 된다. 배당소득은 이자소득과 함께 금융소득으로 분류된다.

금융소득세에 대해서는 앞에서 살펴보았으니 여기서는 주식 양도소득세에 대해서 알아보려고 한다. 주식 양도소득은 어떤 주식에 투자하느냐에 따라 과세문제가 달라진다. 주식은 크게 국내 상장주식, 국내비상장주식 그리고 해외주식으로 나눌 수 있다. 그럼 각 주식별로 어떻게 과세되는지 살펴보겠다.

국내 상장주식의 양도소득은 비과세

국내 상장주식의 양도로 발생한 소득은 과세되지 않는다. 상장주식은 코스피, 코스닥, 코넥스의 증권거래소에 상장된 주식을 말한다. 국내 주식시장을 활성화하기 위한 목적으로 상장주식양도소득을 과세하지 않는다. 주식을 산다는 것은 기업에 투자한다는 것이다. 개인은 돈을 벌기 위해 주식투자하지만 우리나라는 산업경제를 순환하고 활성화하기 위한 측면에서 투자를 장려하고 있다.

다만 상장주식이라도 대주주나 장외거래로 양도소득이 발생했

2025년 기준 대주주 범위

구분	지분율	시가총액
유가증권시장	1% 이상	50억 원 이상
코스닥	2% 이상	50억 원 이상
코넥스	4% 이상	50억 원 이상

다면 과세가 된다. 대주주의 범위는 지분율과 시가총액 기준에 따라 결정된다. 2025년부터 금융투자소득세(금투세)가 시행될 예정이었으나 시행이 얼마 남지 않은 시점인 2024년에 폐지됐다. 금투세는 주식, 채권, 펀드 등 금융투자상품에 투자해 얻은 수익이 일정 금액을 넘으면 부과하는 세금으로, 만약 시행됐다면 소액주주에게도 5,000만 원을 초과한 부분에 대해서는 양도소득세가 과세가 될 예정이었다.

비상장주식은 대주주든 소액주주든 모두 과세

상장주식과 달리 국내 비상장주식은 지분율에 관계없이 모두 과세가 된다. 상장된 회사가 아닌 일반법인이 발행하는 모든 주식이 비상장주식에 해당한다. 주식 양도소득세 계산구조는 단순하다. 양도차익에서 기본공제 250만 원을 제외한 과세표준에 양도소득세율을 곱하여 계산된다.

양도소득세율은 양도자가 대주주인지, 보유기간이 얼마인지 그리고 중소기업 주식인지 여부에 따라 달라진다. 주식을 발행한

회사가 중소기업이면 10~25%의 세율이 적용된다. 양도자가 대주주가 아니면 10%의 세율이 적용되고, 대주주이면 3억 원까지는 20%, 3억 원을 초과하면 25%가 적용된다.

비상장주식의 대주주 기준은 지분율 4% 이상, 시가 10억 원 이상인 경우다. 만약 주식을 발행한 회사가 중소기업이 아니면 양도소득세율이 10% 정도 높아진다. 양도자가 대주주가 아니면 20%의 세율이 적용되고, 대주주면 3억 원까지는 20%, 3억 원을 초과하면 25%가 적용된다. 하지만 1년 미만을 보유했다면 30%의 세율이 적용된다.

주식을 양도하면 증권거래세도 같이 납부해야 한다. 증권거래세는 상장주식, 비상장주식 모두 과세된다. 증권거래세는 양도차익이 아닌 양도가액 전체에 증권거래세율이 부과된다. 예를 들어,

비상장주식 양도소득세율(지방소득세 제외)

구분		세율
중소기업	대주주	3억 원 이하 20%, 3억 원 초과 25%
	그 외 주주	10%
중소기업 외	대주주 1년 미만 보유	30%
	대주주 1년 이상 보유	3억 원 이하 20%, 3억 원 초과 25%
	그 외 주주	20%

증권거래세율

구분	세율
코스피	0.00% (농특세 포함 0.15%)
코스닥	0.15%
K-OTC	0.15%
코넥스	0.10%
비상장주식, K-OTCBB	0.35%

*2025년 기준

5,000만 원에 취득한 비상장주식을 1억 원에 양도했다면, 양도차익 5,000만 원이 아닌 양도가액 1억 원이 증권거래세 과세표준이 된다. 세율이 낮아 부담은 크지 않으나 반드시 신고를 해야 한다. 양도소득세는 손실이면 세금이 없지만 증권거래세는 손실이어도 세금이 발생한다.

주식 양도소득세는 반기별 신고다. 반기의 말일부터 2개월 내 신고해야 한다. 즉, 1~6월의 상반기 거래에 대한 소득은 7~8월에, 7~12월의 하반기 거래에 대한 소득은 다음 해 1~2월에 신고해야 한다. 양도소득세 신고기간과 증권거래세 신고기간은 동일하다. 주식을 발행한 법인은 법인세신고와 함께 과세기간 동안 발생한 주식 변동내역을 신고해야 한다. 만약 신고하지 않으면 주식 액면가의 1%에 대해 가산세가 발생하니 주의해야 한다.

해외주식은 양도하면 무조건 과세

요즘 해외주식에 투자하는 사람이 많다. 국내주식에 투자하는 개인을 동학개미, 해외주식에 투자하는 개인은 서학개미라고 한다. 해외주식은 상장이든 비상장이든 모두 양도소득세가 과세된다. 1년간의 양도소득을 합산하여 다음 해 5월 말까지 신고하면 된다. 이때 1년간 실현된 주식의 이익과 손실은 통산된다.

일반적으로 증권회사에서 양도소득세 신고를 대행해준다. 그때 증권회사에 신청하여 세금신고를 의뢰하면 된다. 만약 신청을 놓쳤다면 직접 신고해야 한다. 해외주식 양도소득세 계산방식은 비상장주식 계산방식과 동일하다. 양도차익에서 250만 원 기본공제를 적용하는 것도 동일하다.

해외주식 양도소득세 계산 시 번거로운 것은 취득가액을 계산하는 것이다. 외화로 취득하기 때문에 취득일에 따라 적용되는 환율이 달라진다. 세법에서는 선입선출법이나 이동평균법을 사용하여 취득가를 산정하게 되어 있다. 특히 분할매수 후 분할매도한 경우에는 세법에 따라 취득가를 잘 계산하여 신고하도록 해야 한다.

해외주식 양도소득세

구분	세율
중소기업	10%
중소기업 외	20%

해외주식 양도소득세율은 10~20%가 적용된다. 우리가 일반적으로 증권사를 통해 거래하는 해외주식은 중소기업이 아니기에 20%의 세율이 적용된다. 지방소득세까지 포함하면 22%다. 만약 해외주식의 양도소득에 대해 외국에서 세금을 납부했다면 우리나라 양도소득세를 신고할 때 공제받을 수 있다. 동일한 소득에 대한 이중과세 문제를 해결하기 위해 이렇게 외국납부세액공제를 적용하고 있다. 이것은 해외주식 배당소득도 마찬가지다.

주식투자 방식에 따라 직접투자 방식과 펀드를 통한 간접투자 방식이 있다. 직접투자한 경우에는 위에서 보았듯 상장인지 비상장인지에 따라 과세방식이 달라진다. 펀드를 통해 간접투자하는 경우에도 발생한 소득의 원천에 따라 과세가 달라진다. 펀드도 주식이나 채권 등에 투자하여 소득을 발생시킨다. 소득의 원천이 상장주식 매매차익이라면 펀드에 투자한 개인에게 비과세되지만, 주식 배당소득이나 채권의 이자소득이라면 금융소득으로 과세가 된다. 또한 해외주식형 펀드도 매매차익에 대해 과세가 된다.

비트코인 하려면 지금 해야 한다, 비트코인 과세유예

> 나상식 씨는 요즘 하도 '비트코인, 비트코인' 하길래 나도 해야 하나 고민이 든다. 적금이나 펀드로는 큰돈을 모으는 게 쉽지 않다. 인생은 한방이라는데 내 인생의 한방은 왜 오지 않는지 모르겠다. 큰맘 먹고 비트코인에 투자해볼까 생각이 들다가도 폭락하면 어쩌나 걱정 되기도 한다.

주위에서 비트코인으로 대박 났다는 얘기는 한 번쯤 들어보았을 것이다. 비트코인은 가상화폐의 대명사다. 가상화폐가 가치가 있느냐 없느냐의 논란도 많이 있었는데 이제는 가상화폐에 투자하는 것이 자연스러워졌다. 남들 다하는데 나만 안 하면 바보 같기도 하고 한편으로는 정말 투자해도 괜찮은 건지 불안하기도 하다. 위험을 감수하며 기회를 잡는 사람들은 언제나 있다. 선택은 본인의 못이다. 만약 투자를 하더라도 가상화폐가 뭔지 세금은 어떻게 내는지 잘 알고 투자해야 한다. 그럼 가상화폐의 양도로 발생하는 소득은 어떻게 과세가 될까?

2027년부터 과세될 예정인 가상화폐

소득세의 소득은 열거주의다. 따라서 열거되지 않은 소득에 대해서는 과세되지 않는다. 가상화폐로 발생한 소득은 기존에 없던 소득이다. 이렇게 새롭게 등장한 소득에 과세하려면 세법을 개정해야 한다. 가상화폐를 과세하는 게 맞는지 아닌지에 대해 논란이 많았다. 과세를 찬성하는 입장에서는 모든 소득에 과세하는 것이 공평하기에 가상화폐에도 과세해야 한다는 논리다. 반대하는 입장에서는 과세를 위한 인프라가 미흡하고 과세의 불공정성을 초래할 수 있다고 했다.

이렇듯 논란이 있었지만 결국 2023년에 과세하는 것으로 세법이 개정되어 현행 소득세법에 명시되어 있으나 아직은 과세하기 전이다. 당초 2025년부터 과세하기로 하였으나 제도적 준비가 되지 않았다는 이유로 다시 2년 연장되어 2027년 1월 1일부터 시행하는 것으로 유예가 됐다.

새로운 세금 도입하는 과정에는 여러 가지 정치적 요인도 작용한다. 기존에 과세가 되지 않았던 것에 대해 새롭게 과세하면 국민들의 반대가 생기게 마련이다. 표심을 얻기 위한 정치적인 논리가 작용할 수도 있다. 따라서 유예기간이 끝나는 시점에 과세가 정말

시작될지는 지켜봐야 한다. 현재 예고되어 있는 가상화폐, 즉 가상자산의 과세방식은 이렇다.

　세법에는 가상자산의 양도로 발생한 소득은 양도소득이 아닌 기타소득으로 분류되어 있다. 기타소득은 다른 소득에 포함되지 않는 소득을 말한다. 기타소득으로 분류했지만 계산방식은 주식 양도소득세 계산방식과 동일하다. 양도가액에서 취득가와 부대비용을 차감한 양도차익에서 250만 원을 공제하고, 20%의 세율로 과세된다. 또한 다른 소득과 합산하지 않고 분리과세될 예정이다. 가상자산의 양도로 발생한 1년간의 이익과 손실을 통산하여 다음 해 5월 말까지 신고해야 한다.

가상화폐 취득가액 계산 시 주의사항

　그동안 과세하지 않다가 2027년부터 과세되니 기존에 보유한

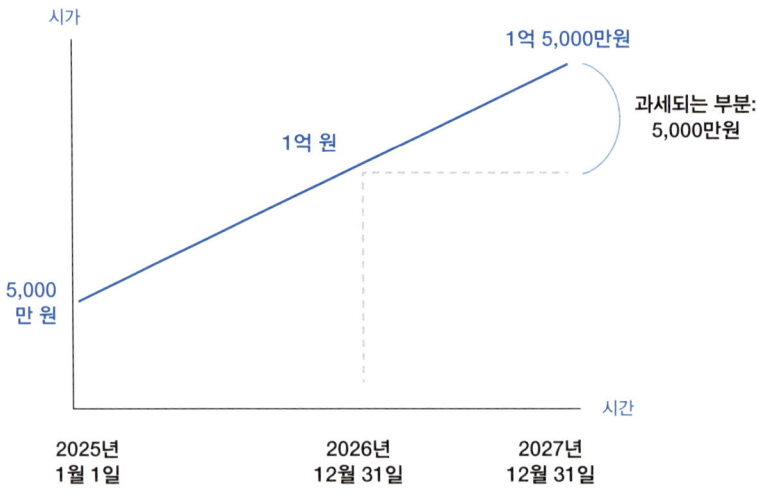

부분에 대해서는 과세가 되어서는 안 된다. 따라서 이전부터 보유한 가상자산의 취득가는 2026년 12월 31일의 시가와 실제 취득가액 중 큰 금액으로 한다. 여기서 시가는 2027년 1월 1일 0시 현재 가상자산별로 공시한 가상자산 가격의 평균을 말한다.

예를 들어 보겠다. 2025년 1월 1일에 5,000만 원을 주고 비트코인 취득 후 가격이 많이 올라 2026년 12월 31일에는 1억 원이 되었고 2027년 12월 31일에는 1억 5,000만 원이 됐다고 가정해보자. 이에 2027년 말에 1억 5,000만 원에 전부 팔았다고 가정한다면 실질적으로 비트코인 양도로 인해 발생한 소득은 1억 원이 된다. 하지만 가상자산 과세는 2027년 1월부터 적용된다. 2026년 12월 31일까지 보유해서 발생한 소득인 5,000만 원은 과세되지 않아야 한다. 따라서 실제 취득가 5,000만 원이 아니라 2026년 12월 31일 시가인 1억 원으로 취득가를 계산한다. 결국 과세되는 부분은 2027년 시세 상승분인 5,000만 원이 된다.

    소득을 계산할 때 취득가를 어떻게 구할지가 관건이다. 주식처럼 가상화폐를 사고파는 행위를 계속할 수도 있기 때문이다. 세법에는 선입선출법 또는 이동평균법으로 취득가를 계산하도록 되어 있다. 과세시행 이후 취득가 확인이 곤란한 경우에는 양도가의 일정 비율을 의제 취득가로 적용할 수 있게 허용할 예정이다.

가상화폐 소득 절세방법

    가상자산의 양도로 발생한 소득은 절세하기가 어렵다. 취득가액도 명확하고 추가적인 경비를 많이 반영하기도 어렵다. 또한 세액공제나 세액감면을 받을 수도 없다. 이는 주식 양도소득도 마찬가지다. 주식 양도소득에 대해서도 절세가 어렵다.

    다만 같은 과세기간에 양도로 발생한 이익과 손실을 통산하여 세금을 줄일 수 있다. 따라서 손실이 발생한 가상화폐가 있다면 한번 팔았다가 다시 사는 것도 방법이다. 물론 실현만 하면 되는 것이지 반드시 다시 사지 않아도 된다. 손실 난 자산을 파는 것이 쉽지 않을 것이다. 본전 생각이 나기 때문이다. 하지만 절세를 위해서는 마음을 독하게 먹고 실현해야 한다. 팔고 곧바로 다시 사면 어차피 동일한 것이다.

    예를 들어, 2027년에 비트코인을 팔아서 1억 원의 양도차익을 얻었는데, 이더리움은 시세가 떨어져 취득가 대비 3,000만 원의 손실이 나 있는 상황이라면 2027년에 이더리움을 한번 팔고 다시 사는 것이다. 그러면 이익과 손실이 통산되어 7,000만 원에 대해서만 과세가 된다. 물론 투자해서 손실이 안 나는 것이 제일 좋겠지만 부득이하게 손실이 발생한 경우에는 이렇게라도 세금을 줄일 수 있다. 이런 방법으로 세금을 줄일 수 있는 것은 주식 양도소득도 마찬가지다.

보았듯이 개인은 가상화폐 소득에 대해 2027년부터 과세가 된다. 하지만 법인사업자가 보유한 가상자산을 양도하여 발생한 소득은 2027년 이전이라도 과세된다. 법인세법은 소득세법과 달리 순자산이 증가되는 모든 거래에 대해 과세한다. 따라서 가상자산에 투자하려면 2026년까지는 법인이 아닌 개인으로 투자하는 것이 좋다. 개인으로 투자하면 2026년까지는 과세되지 않지만 투자에는 늘 원금이 손실될 위험이 따라오니 주의해야 한다.

연금저축계좌와 연금보험은 어떻게 다를까?

연금저축계좌에 불입하면 소득세 세액공제 혜택을 받을 수 있다. 노후도 대비하고 세제혜택도 받기 위해 가입하려는 사람들이 있을 것이다. 판매처가 보험회사, 은행, 자산운용사 등 다양하고 판매하는 상품도 다양하다. 연금저축보험 상품도 있고 연금보험 상품도 있다는데 이름도 비슷하고 같은 건지 다른 건지도 헷갈린다. 그렇다고 아무거나 가입해서는 안 된다. 상품별로 어떻게 과세되는지 반드시 알고 가입해야 한다.

연금저축계좌 어떤 종류가 있을까?

　연금저축계좌란 납입 시 세액공제를 받을 수 있고 추후 연금 수령 시 연금소득으로 과세되는 금융상품이다. 연금저축이라는 명칭을 사용하는 모든 계좌를 말한다. 과거 개인연금저축, 연금저축 상품도 판매가 되었으나 이 상품들은 판매가 이미 종료됐다. 현재는 연금저축계좌 상품만 판매가 된다.

　이 연금저축계좌도 누가 상품을 판매하느냐에 따라 연금저축보험, 연금저축펀드, 연금저축신탁으로 나뉘게 된다. 2018년부터는 연금저축신탁의 판매가 중지되었기에 현재는 연금저축펀드와 연금저축보험만 판매되고 있다. '연금저축펀드/계좌'는 자본시장법 제12조에 따라 인가받은 투자중개업자(증권)와 체결하는 집합투자증권 중개계약이고, '연금저축보험'은 보험업법 제4조에 따라 허가받은 보험회사와 체결하는 보험계약을 말한다.

　현재 판매 중인 연금저축펀드와 연금저축보험을 비교해보면 다른 점이 많다. 우선 연금저축펀드는 수익성을 중요시하지만 연금저축보험은 안정성을 중요시한다. 따라서 연금저축펀드는 원금보장이 되지 않고 연금저축보험은 원금이 보장된다. 중도인출 여부도 차이가 있다. 연금저축펀드는 중도인출이 가능하나 연금저축보험은 중도인출이 되지 않는다. 연금저축펀드는 자유적립방식이지만 연금저축보험은 정기납입 방식이다. 본인이 리스크를 감당하더라도 수익성을 추구하는지 아니면 안정성을 더 추구하는지에 따라 어떤 상품이 맞는지 다를 수 있다.

연금저축상품 비교

구분	연금저축펀드	연금저축보험
수익성/안정성	수익성 중시	안정성 중시
원금보장	×	○
중도인출	○	×
수수료 (적립금 증가 시)	증가	감소
연금수령 기간	확정기간	확정기간, 종신

출처: 금융감독원 홈페이지

연금저축계좌 세제혜택

연금저축계좌의 세제혜택은 큰 편이다. 납입 시 세액공제를 받을 수 있고, 추후 연금수령 시 연금소득으로 과세되기에 과세이연의 효과가 있다. 또한 연금소득으로 과세 시 3.3~5.5%의 저율로 과세가 된다는 장점이 있다.

연금저축상품은 연말정산이나 종합소득세 신고 시 세액공제 혜택을 받을 수 있다. 납입액 600만 원을 한도로 13.2~16.5%의 세액공제가 적용된다. 예를 들어, 총급여 5,500만 원 이하인 경우 600만 원을 납입하면 99만 원의 절세를 할 수 있다. 이렇게 납입할 때는 세액공제를 받다가 연금수령 시에는 연금소득으로 과세가 된다. 노후대비를 위해 마련한 돈이니 3.3~5.5%의 상당히 낮은 세율로 과세가 된다.

저율로 과세되기 위해서는 연금수령 요건을 충족해야 한다. 이 요건을 충족하지 못하거나 연금수령 한도를 초과하는 경우에는

연금저축 세액공제율

종합소득 과세표준	총급여액 (근로소득금액만 있는 경우)	세액공제 한도	공제율
4,500만 원 이하	5,500만 원 이하	600만 원	16.5%
4,500만 원 초과	5,500만 원 초과		13.2%

연금수령 시 연금소득세율

연금수령 개시 연령	확정형(수령기간)		종신형	
	한도 내 금액	한도 초과액	한도 내 금액	한도 초과액
만 70세 미만	5.5%	16.5%	4.4%	16.5%
만 70세 ~ 80세 미만	4.4%			
만 80세 이상	3.3%		3.3%	

연금 수령기간 중 부득이한 사유로 인한 인출의 경우 3.3~5.5%의 세율 적용

16.5%로 과세가 된다. 따라서 연금을 받더라도 한도 내로 인출하는 것이 중요하다.

    연금수령 한도를 구하는 산식은 아래와 같다. 여기서 연금수령 연차는 요건(납입 후 5년 경과, 만 55세 경과)을 모두 충족하여 연금을 수령할 수 있는 날이 속하는 연도를 1로 보며, 연차가 10 이상인 경우에는 수령액 전체를 연금수령 한도로 본다.

연금수령 한도

$$\frac{연금계좌의\ 평가액}{(11 - 연금수령\ 연차)} \times \frac{120}{100}$$

만일 연금수령 요건을 충족하기 전에 중도해지하는 경우에는 16.5%로 과세가 된다. 다만 천재지변, 파산선고, 해외이주, 질병 부상으로 3개월 이상 요양이 필요한 등 부득이한 사유가 발생한 경우에는 3.3~5.5%로 과세가 된다.

연금수령 요건

- 가입자가 만 55세 이후 연금수령할 것
- 가입일로부터 5년이 경과한 후에 인출할 것(단, 이연퇴직소득이 연금계좌에 있는 경우에는 5년 경과 요건 미적용)
- 연금수령 한도에 따라 계산된 금액 이내에서 인출할 것(부득이한 사유에 의한 인출은 인출금액에서 미포함)

연금저축보험 vs 연금보험, 무슨 차이일까?

보험사에서 판매하는 상품 중 연금저축보험 말고 연금보험도 있다. 이름이 비슷해보이지만 두 상품은 완전히 다른 상품이다. 연금저축보험상품은 납입 시 세액공제혜택을 받고 연금수령 시 연금소득으로 과세가 된다. 하지만 연금보험은 납입 시 세액공제를 받을 수 없다.

연금보험은 만기 시 보험차익이 발생하는 상품이기에 저축성 보험과 성격이 같다. 연금보험의 보험차익은 이자소득이기에 금융소득으로 분류되고 연 2,000만 원까지는 15.4%로 과세가 된다. 장

연금보험과 연금저축보험의 비교

구분	연금저축보험	연금보험
납입 시 세제혜택	연금계좌 세액공제	없음
수령 시 세제혜택	연금소득 분리과세	이자소득 비과세

기저축성보험은 비과세혜택을 받을 수 있어서, 10년 이상 유지한 연금보험도 비과세혜택을 받을 수 있다. 다만 비과세를 받기 위해서는 다음의 요건을 충족해야 한다.

연금보험 비과세 요건

- 일시납: 10년 이상 유지, 납입금액 1억 원 이하
- 월 적립식: 5년 이상 납입 및 10년 이상 유지, 월보험료 150만 원 이하
- 종신형: 보험료 납입계약 만료 후 55세 이후부터 사망 시까지 보험금을 연금으로 수령

이렇게 연금저축보험과 연금보험은 세제혜택이 다른 상품이다. 직장인이나 개인사업자는 연말정산이나 종합소득세 신고 시 세액공제를 받을 수 있는 연금저축보험이 유리할 수 있다. 하지만 소득이 없는 주부나 학생 등 세액공제를 받을 수 없는 사람은 비과세를 받을 수 있는 연금보험이 유리할 수 있다.

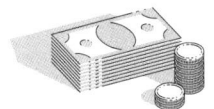

4장

부동산을 거래할 때 알아야 할 세금 상식

부동산이 있으면
꼭 알아야 할 세금들

내 집이 있다는 것은 어떤 의미일까? 집은 거주기능을 하는 공간이기도 하지만 가족과 함께 행복을 나누며 안정을 느끼는 상징적인 공간이기도 하다. 또한 부동산은 하나의 투자자산으로 오랫동안 사랑받고 있다. 지난 50년 동안 우리나라는 부동산 불패의 역사를 썼다. 누구는 거품이라고 하고 누구는 아직 멀었다고 한다. 부동산이 급등하여 의도치 않게 무주택자가 상대적으로 빈곤해지는 '벼락거지'라는 단어가 생기기도 했다. 이렇듯 우리에게 내 집이 가지는 의미는 여러모로 크다.

내 집 마련을 하고, 이사하려고 집을 팔고, 부동산 투자를 하고, 자식들에게 물려주기도 할 때 반드시 세금이 따라온다. 세금을 잘 몰라서 부동산 거래 후 낭패를 봤다는 사람들도 종종 있다.

애써 돈을 벌어 부동산 거래를 했는데 세금 폭탄을 맞는다면 얼마나 속이 쓰리겠는가. 부동산으로 내는 세금은 다른 세금에 비해 비교적 규모가 크다. 따라서 내 돈을 지키기 위해서는 부동산 세금을 더욱 잘 알아야 한다.

부동산 세금은 크게 취득, 보유, 처분의 3단계로 나누어진다. 취득 시 납부하는 취득세, 보유 시 발생하는 재산세와 종합부동산세, 처분 시 발생하는 양도소득세가 있다. 어느 하나 중요하지 않은 세금이 없다. 내 집을 마련할 때부터 보유하고 처분할 때까지의 대략적인 자금 및 세금 계획을 세우는 것이 좋다. 그러기 위해서도 부동산 세금을 잘 알아야 한다. 부동산 세금은 주택인지 상가인지 토지인지에 따라 다르나 여기서는 우리에게 가장 밀접한 주택에 중점을 두어 설명하겠다.

1단계, 부동산 취득단계의 취득세

취득세는 부동산을 취득한 사람에게 부과되는 지방세다. 부동산이 내 거라고 이름을 올리는 순간 내는 세금이다. 취득세는 부동산 취득가액에 취득세율이 적용되어 계산된다. 부동산을 매매로 취득했는지, 증여나 상속으로 취득했는지, 아니면 직접 신축을 했는지에 따라 세율이 달라진다.

우리는 일반적으로 집을 매매를 통해 취득하니 1~3%의 세율이 적용된다. 하지만 다주택자의 경우에는 최대 12%까지 중과세율이 적용된다. 중과세율이 적용되면 세금부담이 급격히 늘어난다. 취득세뿐만 아니라 부동산 세금은 투기를 억제하기 위한 정책적 목적으로 다양한 중과제도를 시행하고 있다.

비조정대상지역에 소재한 주택을 취득하면 3주택자부터 중과가 되고, 조정대상지역에 소재한 주택을 취득하면 2주택자부터 중과가 된다. 취득세 중과세율을 적용할 때는 1주택인지 2주택인지 여부를 개인이 아닌 세대로 판단한다. 따라서 부모와 같은 세대에 살고 있으며 각각 주택을 한 채씩 보유하고 있으면 2주택자가 된다. 다만 주택을 취득하고 60일 이내에 세대분리를 하면 별도세대로 보기에 중과되지 않는다.

2025년 11월 현재 조정대상지역은 서울 전역과 경기도의 과천, 광명, 성남(분당·수정·중원), 수원(영통·장안·팔달), 안양(동안), 의왕, 하남, 용인(수지) 12곳이다. 이 조정대상지역은 부동산시장 상황에 따라 추가 지정될 수도 있고 해제될 수도 있으니 지속적으로 확인이 필요하다. 조정대상지역에 소재한 주택은 취득세나 양도소득세가 중과될 수 있다. 조정대상지역에 소재한 주택을 취득하는 경우에는 특히 세금에 주의해야 한다.

취득세는 부동산을 취득한 사람이 직접 신고해야 한다. 일반적으로 법무사에게 등기를 의뢰하며 취득세 신고를 같이 진행한다. 매매로 취득한 경우에는 잔금지급일부터 60일 이내에 신고납부하도록 되어 있다. 이 시기를 놓치면 가산세가 발생하니 주의해야 한다. 취득세를 납부할 때는 취득세뿐 아니라 지방교육세와 농어촌특별세와 같은 부가세도 같이 납부하게 된다.

만약 첫 집을 마련하는 경우에는 생애 최초 주택구입자 취득세

주택 취득세율

구분	취득세율
상속	2.80%
증여	3.5%(중과 시 12%)
신축	2.80%
매매	1~3%(중과 시 8% 또는 12%)

매매로 취득 시 주택 취득세율

구분		조정대상지역	비조정대상지역
개인	1주택	1~3%	1~3%
	2주택	8%	
	3주택	12%	8%
	4주택 이상	12%	12%
법인	주택 수 무관	12%	12%

취득세 신고납부기한

취득원인	신고기한
매매	사실상 잔금지급일부터 60일 이내
증여	증여계약일이 속하는 달의 말일부터 3개월 이내
상속	상속개시일이 속하는 달의 말일부터 6개월 이내
신축	사용승인서교부일, 임시사용승인일, 사실상사용일 중 빠른 날부터 60일 이내

감면혜택이 있다. 조정대상지역 여부에 관계없이 취득가액 12억 원 이하의 주택을 매매로 최초 취득한 경우에 적용받을 수 있다. 취득세를 100% 감면해주지만 한도가 있다. 소형주택은 300만 원, 비소형주택은 200만 원 한도 내에서 적용된다. 따라서 실제로 내야 하는 세금에 비해 엄청 큰 감면혜택은 아닐 수 있다.

2단계, 부동산 보유단계의 재산세와 종합부동산세

부동산을 보유하면 발생하는 세금은 재산세와 종합부동산세다. 둘 다 보유세지만 성격은 다르다. 재산세는 부동산 개별로 부과되지만 종합동산세는 개인별로 보유한 부동산을 합산해서 과세된다. 재산세는 지방세지만 종합부동산세는 국세여서 세금을 부과하는 곳이 다르다. 재산세는 부동산 공시가격 전체에 공정시장가

재산세와 종합부동산세의 비교

구분	종합부동산세	재산세
유형	국세	지방세
부과주체	국세청(세무서)	지방자치단체(시, 군, 구)
부과대상	주택, 토지 공제금액 초과분	주택, 건물, 토지 등 모든 부동산
과세방법	개인별로 부동산 합산과세	부동산 개별과세
과세기준일	6월 1일	6월 1일
납부기한	12월 15일	주택 ½, 건물: 7월 31일 주택 ½, 토지: 9월 30일

액비율(60%)을 적용하여 과세표준을 계산하고, 종합부동산세는 공제금액 초과분에 대해서 공정시장가액비율(60%)을 적용하여 과세표준을 계산한다.

재산세와 종합부동산세의 과세기준일은 6월 1일이다. 따라서 매년 6월 1일에 부동산 소유자에게 세금이 부과된다. 만약 부동산을 팔았는데 잔금일이 6월 2일이었다면 그해 재산세와 종합부동산세는 판 사람에게 부과된다. 따라서 매매시기가 6월에 걸쳐 있으면 잔금시기를 잘 협의해야 한다.

재산세는 시가표준액에 부과된다. 시가표준액은 기준시가로 이해하면 된다. 보유세는 모두 기준시가로 과세가 되니 내 집의 기준시가를 잘 알아야 한다. 주택과 토지, 건축물의 기준시가 계산방식이 다른데, 주택은 매년 4월에 고시되는 주택공시가격이 '기준시가'가 된다.

재산세는 이 기준시가 전부에 대해 과세되지 않는다. 공정시장

재산세 계산구조

가액 비율만큼만 과세가 된다. 주택의 공정시장가액 비율은 60%다. 즉, 기준시가가 10억 원인 아파트는 60%를 적용하여 6억 원이 과세표준이 된다. 이 과세표준에 0.1~0.4%의 세율이 적용되어 재산세가 계산된다. 재산세에도 도시계획세, 지방교육세, 지역자원시설세 등의 부가세가 같이 붙는다.

또 다른 보유세는 종합부동산세다. 종합부동산세는 개인이 소유한 모든 부동산을 합쳐서 과세한다. 모든 주택의 공시가격을 합친 금액에서 9억 원 초과하는 부분에 대해서만 과세가 된다. 즉, 9억 원까지는 세금이 나오지 않는다. 만약 1세대1주택자이면 공제금액이 12억 원으로 더 커진다.

종합부동산세 계산구조

재산세와 마찬가지로 종합부동산세 역시 공제금액 초과분 전체가 과세되는 것이 아니라 60%의 공정시장가액 비율을 적용해준다. 따라서 실제 과세표준은 많이 낮아지게 된다. 이 과세표준에서 0.5~2.7%의 종합부동산세율이 적용된다. 만약 3주택 이상을 소유했다면 0.5~5%의 중과세율이 적용된다. 종합부동산세 계산 시 재산세와의 이중과세 해결을 위해 납부한 재산세를 빼준다.

1세대1주택자는 고령자 세액공제와 장기보유자 세액공제의 혜택을 적용받을 수 있다. 부동산 가격이 급등하면 종합부동산세 부담이 갑자기 커진다. 이를 막기 위해 세부담상한액 설정하여 전년 대비 150% 초과하지 않도록 제한을 두고 있다. 종합부동산세에도 부가세인 농어촌특별세가 같이 부과된다.

3단계, 부동산 처분단계의 양도소득세

처분단계에서는 우리가 잘 아는 양도소득세가 부과된다. 부동산 세금 중 제일 큰 금액이 부과될 수 있기에 가장 중요하다. 양도소득세는 부동산을 보유하면서 시세가 오른 부분에 대해 내는 세금이다. 부동산 가격이 많이 올랐으면 더 많은 세금을 내게 된다.

양도소득세 계산을 위해 먼저 양도차익을 구해야 한다. 양도차익은 양도가액에 취득가와 필요경비를 차감하여 계산된다. 양도가와 취득가는 실거래가를 적용하는 것이 원칙이다. 하지만 오래전 취득했거나 취득계약서를 분실했거나 신축한 경우 실제 취득가 확인이 어려운 경우도 있다. 이때는 매매사례가액이나 감정평가액,

양도소득세 계산구조

```
        양도가액    •······  실거래가
   ⊖   취득가액    •······  실거래가(매매사례가, 감정평가액, 환산취득가)
   ⊖   필요경비
   =   양도차익
   ⊖   장기보유특별공제 •······  보유연수 × 공제율(2%, 4%)
   =   양도소득금액
   ⊖   기본공제    •······  250만 원
   =   과세표준
   ⊗   세율       •······  기본세율, 중과세율, 단일세율
   =   산출세액
   ⊖   세액감면    •······  조특법상 감면
   ⊕   가산세      •······  무신고, 과소신고가산세, 납부지연 가산세
   =   납부세액
```

환산취득가를 사용할 수 있다.

  이 양도차익 전체가 과세되는 것이 아니고 장기보유특별공제와 기본공제를 차감해준다. 부동산을 장기보유했으면 보유연수에 따라 최대 30%까지 공제를 해준다. 보유기간이 3년 이상이면 1년에 2%씩 적용해주어 최대 15년이 될 때까지 가산해준다. 1세대1주택은 장기보유특별공제의 혜택이 더욱 크다. 최대 80%까지 적용할 수 있다. 물론 많은 사람들이 알듯이 1세대1주택은 양도소득세 비과세를 받을 수 있으나 고가주택은 과세가 된다. 그때 최대 80%의 장기보유특별공제가 적용된다. 크지 않지만 기본공제 250만 원은 누구에게나 적용해준다.

주택 양도소득세율(지방소득세 제외)

구분	세율	중과세율
1년 미만 보유	70%	1세대2주택 기본세율 + 20%, 1세대3주택 이상 기본세율 + 30%, 단기양도세율과 중과세율이 동시에 적용되면 더 큰 금액으로 적용
1년 이상 2년 미만 보유	60%	
2년 이상 보유	6~45% 일반세율	

    양도소득세 세율은 6~45%의 기본 소득세율이 적용된다. 하지만 2년 미만 보유하고 양도한 경우나 조정대상지역 소재 주택을 양도한 경우에는 더 높은 세율이 적용된다. 이는 부동산 투기를 막고, 부동산시장을 안정화하는 것이 목적이다. 1년 미만 보유하고 양도하면 70%, 1년 이상 2년 미만 보유하고 양도한 경우에는 60%의 세율이 적용된다. 분양권의 경우 2년 이상 보유하더라도 1년 이상 보유하면 무조건 60%의 세율이 적용된다. 분양권으로 돈을 벌면 이렇게 세금을 엄청 내야 한다.

    조정대상지역에 소재한 주택을 양도한 경우 2주택자면 기본세율에 20%를 가산하고, 3주택 이상이면 30%를 가산한다. 중과되면 최대 75%의 세율이 적용된다. 이 경우는 장기보유특별공제도 적용할 수 없다. 그야말로 중과세율이 적용되면 세금폭탄이 나오게 된다. 만약 단기양도세율과 중과세율이 동시 적용해야 하는 경우에는 더 큰 금액으로 적용한다. 요즘은 드문 경우이지만, 부동산을 미등기하고 양도한 경우에 단기양도가 아니더라도 페널티로 70%의 세율을 적용한다.

세금폭탄을 맞지 않으려면 양도소득세 규정을 잘 알고 거래해야 한다. 양도소득세는 양도일이 속하는 달의 말일부터 2개월 이내에 신고납부해야 한다. 양도소득세 관할 세무서는 양도한 물건 소재지의 관할 세무서가 아니라 본인의 주소지 관할 세무서가 된다.

그럼 구체적인 예시 숫자를 통해 부동산 관련 세금이 얼마나 나오는지 알아보겠다. 나상식 씨는 2025년 1월에 비조정대상지역에 소재한 시가 15억 원의 A아파트를 매매로 취득하여 2주택자가 됐다. 운 좋게 아파트 가격이 많이 올라 5년을 보유하고 20억 원에 매도했다. 그럼 A아파트의 '취득세', '보유세', '양도소득세'는 얼마나 나올까? 종합부동산세 계산을 위해 A아파트 공시가격은 10억 원으로 가정하고 기존 주택 공시가격은 5억 원으로 가정해보겠다.

취득세
15억 원(취득가)×3% = 4,500만 원(지방교육세 10% 별도)

보유세
①재산세: 10억 원(공시가격)×60%(공정시장가액비율)×0.4% - 63만 원(누진공제액) = 177만 원(지방교육세 20% 별도)
②종합부동산세: [15억 원(공시가격) - 9억 원(공제금액)]×60%(공정시장가액비율)×0.7% - 60만 원(누진공제액) - 68만 727원(재산세) = 123만 9,273원(농어촌특별세 20% 별도)

양도소득세
[5억 원(양도차익) - 5,000만 원(장기보유특별공제 10%) - 250만 원(기본공제)]×40% - 2,594만 원(누진공제) = 1억 5,306만 원(지방소득세 10% 별도)

계산해보면 나상식 씨는 A아파트를 팔아서 5억 원을 벌었지만 세금을 총 2억 원 넘게 내야 한다. 생각보다 많은 세금이 나간다. 대출이자, 중개수수료, 수선비 등도 고려하면 수익률은 더욱 낮아진다. 이렇게 부동산 거래 시에는 반드시 세금을 고려해야 한다.

종합부동산세, 더 이상 부자들만의 세금이 아니다

수도권 아파트 가격이 많이 올랐다. 종합부동산세 대상자의 90% 이상이 수도권에 집중되어 있다. 그만큼 부동산시장 양극화가 심해졌다. 종합부동산세는 예전부터 부자들이 내는 세금으로 인식되고 있다. 하지만 종합부동산세는 더 이상 부자들만의 세금이 아니다. 중산층이라도 수도권 아파트 한 채만 있으면 종합부동산세 대상이 될 수 있다.

종합부동산세 계산 시 1주택자는 기본 12억 원이 공제된다. 따라서 과세되기 위해서는 공시가격이 12억 원이 넘어야 한다. 시세로 치면 17~18억 원이 된다. 2주택 이상이면 9억 원이 공제된다. 모든 주택의 공시가격을 합산하여 9억 원이 넘으면 과세된다. 시세로 치면 12~13억 원이 넘어야 한다. 2024년 기준 종합부동산세 과세대상자는 약 46만 명으로 전체 주택소유자의 약 3%다. 2022년에는 주택소유자의 약 8%가 과세대상이었다. 당시에는 공제금액이 9억 원이 아니라 6억 원(1세대1주택은 11억 원)이었기에 대상자가 많았다. 부동산 가격이 오르거나 보유세가 강화되면 과세대상자는 다시 늘어날 수 있다.

1주택자의 세부담

적요	1주택자 세부담	비고
공시지가	15억 원	입력값
과세표준	6억 7,500만 원	재산세 공정시장가액비율 40% 적용
재산세	207만 원	57만 원 + 3억 원 초과금액의 0.4%
지방교육세	41만 4,000원	재산세액의 20%
종부세 공제금액	12억 원	1세대 1주택으로 공제금액 12억 원
종부세 과세표준	1억 8,000만 원	(공시가격 합 − 공제금액) × 공정시장가액비율 60%
종합부동산세	90만 원	3억 원 이하 세율 0.5%
재산세 중복분	32만 4,000원	207만 원 × 32만 4,000원 ÷ 207만 원
중복분 차감후	57만 6,000원	재산세 중복분(32만 4,000원) 차감 후 종부세
농어촌특별세	11만 5,200원	종합부동산세의 20%
종부세 합산금액	69만 1,200원	종합부동산세 + 농어촌특별세
총납부액	317만 5,200원	재산세 + 지방교육세 + 종부세 + 농어촌특별세

　1주택자와 2주택자의 종합부동산세가 얼마 나오는지 예시를 보자. 종합부동산세 계산 시 1주택자와 2주택자의 차이점은 '12억 원을 공제해주는지, 9억 원을 공제해주는지' 그리고 '세액공제를 받을 수 있는지'다. 고령자 세액공제와 장기보유 세액공제는 1주택자만 받을 수 있다. 공정시장가격 60%를 적용해주는 것과 납부한 재산세를 공제해주는 것은 1주택자나 2주택자 동일하다.

　그럼 공시가격 15억 원인 아파트를 보유한 나상식 씨는 보유세를 얼마나 내야 할까? 1주택자인 경우 재산세 약 200만 원과 종합부동산세 약 60만 원, 부가세를 합하여 대략 310만 원의 세금을 내

2주택자의 세부담

적요	2주택자 세부담	비고
공시지가	15억 원	입력값
과세표준	9억 원	재산세 공장시장가액비율 60%(2주택자) 적용
재산세	297만 원	57만 원 + 3억 원 초과금액의 0.4%
지방교육세	59만 4,000원	재산세액의 20%
종부세 공제금액	9억 원	1세대 1주택 초과로 공제금액 9억 원
종부세 과세표준	3억 6,000만 원	(공시가격 합 − 공제금액) × 공정시장가액비율 60%
종합부동산세	192만 원	6억 원 이하 세율 0.7%, 누진공제액 60만 원
재산세 중복분	86만 4,000원	297만 원 × 86만 4,000원 ÷ 297만 원
중복분 차감후	105만 6,000원	재산세 중복분(86만 4,000원) 차감 후 종부세
농어촌특별세	21만 1,200원	종합부동산세의 20%
종부세 합산금액	126만 7,200원	종합부동산세 + 농어촌특별세
총납부액	483만 1,200원	재산세 + 지방교육세 + 종부세 + 농어촌특별세

야 한다. 2주택자인 경우에는 세금부담이 더 커진다. 2주택의 공시가를 합산하여 15억 원인 경우 보유세는 대략 480만 원이 나온다. 어떤가? 크다고 느껴지는가 아니면 생각보다 큰 세금은 아니라고 느껴지는가? 사실 공제액 인상과 공정시장가액, 세율인하로 과거에 비해 종합부동산세 부담이 많이 줄었다. 하지만 이 세금은 소득이 없어도 아파트를 보유하는 기간 동안 매년 내야 한다. 10년을 보유한다면 보유세로 총 4,800만 원을 내야 한다.

이사하며
양도소득세 비과세 적용받는 방법

나상식 씨는 결혼하고 처음 산 아파트에 20년째 살고 있다. 아이들도 이 집에서 다 키웠다. 조용하고 살기 좋은 동네여서 만족하며 살고 있다. 아이들이 취업해 독립하면 작은 평수로 이사 가려고 다른 곳에 전세를 끼고 집을 사놓았다. 하지만 자식들 취업이 막상 잘되지 않아 이사 시기가 계속 늦추어졌다. 그러다 시간이 훌쩍 지나서 결국 자식들은 취업해서 독립하고 이사하게 됐다. 기존 아파트를 팔고 세금신고를 하려고 세무사를 찾아가니 몇 달 차이로 내야 할 세금이 몇 억 차이가 난다고 했다. 알고 보니 1세대1주택 비과세를 받을 수 있었는데 이사 시기가 늦어지는 바람에 비과세가 안 된다고 한다. 나상식 씨는 갑자기 하늘이 무너지는 심정이 들었다.

첫사랑이나 첫 출산처럼 첫 집은 기억 속에 강렬히 자리 잡는다. 오랜 기간 돈을 모아 어렵게 마련한 내 집이니 더욱 애정이 생기기 마련이다. 하지만 살다 보면 이사를 해야 하는 때가 온다. 직장 때문에 이사하기도 하고 더 넓은 평수로 혹은 더 교통이 좋은 지역으로 이사하기도 한다. 때로는 자식들 교육 때문에 평수를 줄여가며 학군 좋은 곳으로 이사하기도 한다. 이렇게 이사해서 기존 집을 팔 때 1주택자이면 양도소득세 비과세 혜택을 받을 수 있다. 많은 사람들이 아는 상식이다.

하지만 1주택자라면 무조건 비과세가 되는지 또는 갈아타기 했을 때는 어떤 조건을 충족해야 비과세가 되는지 정확히 모르는 사람들도 많다. 비과세 요건을 갖추지 못하면 세금 차이가 상당히 크다. 몇 천만 원에서 몇 억 원이 왔다 갔다 할 수 있다. 비과세는 양도소득세에서 상당히 중요한 부분이니 제대로 알고 가자.

1세대1주택 양도소득세 비과세

집을 팔면 양도차익에 대해 양도소득세를 낸다. 하지만 집은 거주에 필요한 필수적인 자산이다. 따라서 국민들의 주거생활을 안정시키기 위해 투기목적이 없는 거래에 대해서는 비과세를 적용해주고 있다. 이것이 우리가 알고 있는 1세대1주택 양도소득세 비과세다.

이 비과세를 받기 위해서 몇 가지 요건을 반드시 충족해야 한다. '1세대'가 '1주택'을 보유하여야 하고 최소 '2년 이상 보유'해야 한다. 이 요건을 하나라도 충족하지 못하면 비과세가 되지 않으니 주의해야 한다.

'1세대'는 동일한 장소에서 생계를 같이 하는 가족을 말한다. 1세대를 구성하기 위해서는 배우자가 있거나 30대 이상이거나 소득이 있어야 한다. 만약 부모와 따로 살고 있고 소득이 없는 20대 학생이면 1세대를 구성했다고 보기 어렵다. '1주택'을 보유해야 하는데 주택은 공부상 용도와 관계없이 실제 주거용 건물을 말한다. 오피스텔은 사업자등록을 했는지 관계없이 실제 주거용으로 사용되면 주택으로 본다. 입주권, 분양권을 가진 경우 주택은 아니지만 비과세 판단 시 주택 수에 포함하여 계산된다.

다가구주택과 다세대주택을 많이 헷갈려한다. 여기서 다가구주택은 3층 이하 주택을 말하며 다세대주택은 4층 이하 주택을 말한다. 다가구주택은 건축법상으로는 단독주택이지만 양도소득세 계산 시에는 공동주택으로 본다. 하지만 하나의 다가구주택을 일괄로 양도하는 경우에는 1주택으로 보아 비과세가 가능하다. 다세대주택은 공동주택에 해당한다. 따라서 다세대주택을 일괄 양도하더라도 비과세를 받을 수 없다.

취득일부터 양도일까지 '2년 이상 보유'해야 비과세를 받을 수 있다. 예전에는 다주택을 보유하고 있으면 보유한 주택을 처분하고 1주택만 남게 된 날부터 2년 보유기간을 채워야 비과세를 받을 수 있었다. 하지만 세법이 개정되어 2022년 5월 이후 취득일로부터 2년 이상 보유하면 비과세를 받을 수 있다.

취득 당시에 조정대상지역 소재 주택이었다면 비과세를 받기

다가구주택 vs 다세대주택

구분	다가구주택	다세대주택
건축법상 구분	단독주택	공동주택
바닥면적	660㎡ 이하	660㎡ 이하
층수	3층 이하	4층 이하
세대수	19세대 이하	제한 없음
구분등기	불가	가능

위해 하나의 요건을 더 충족해야 한다. 바로 '2년 이상 거주'해야 하는 요건이다. 주의할 것은 양도 시 조정대상지역 기준이 아니라 취득 시 조정대상지역 기준이라는 점이다. 만약 취득 이후에 조정대상지역에서 해제되어 비조정대상지역이 되더라도 거주요건은 반드시 충족해야 비과세를 받을 수 있다.

일시적 2주택 비과세

1세대1주택이면 양도소득세 비과세를 받는다. 그런데 이사하기 위해서 집을 사게 되면 부득이하게 2주택이 되는 시기가 발생한다. 소위 집을 갈아탈 때다. 이럴 때도 2주택자이지만 양도소득세 비과세를 적용받을 수 있다. 이 규정은 거주이전의 자유를 보장해주기 위한 것이 목적이다. 이런 경우도 비과세를 적용받기 위한 요건이 매우 중요하다.

먼저 기존주택을 취득하고 1년이 지난 후에 신규주택을 취득해야 한다. 집을 산 지 1년도 안돼서 갈아타기 위해 또 집을 사면 비과세를 받지 못한다. 그리고 신규주택을 취득하고 3년 내 기존주택을 팔아야 한다. 새집으로 이사하고 기존 집을 팔기까지 시간적 여유를 3년 준 것이다.

일시적 2주택도 비과세를 받기 위해서 2년 이상 보유해야 하는 요건은 동일하게 충족해야 한다. 또한 취득 당시 조정대상지역이면 2년 거주요건까지 충족해야 비과세를 받는다. 요건을 모두 충족해야 양도소득세 비과세를 받을 수 있다. 만약 하나라도 놓치면 비과세를 받지 못한다. 비과세를 '받고 못 받고'에 따라 세금 차이가 어마어마하게 날 수 있다. 나상식 씨 사례에서도 신규주택을 취득하고 3년 내 기존주택을 양도하지 못하면 비과세를 못 받게 되는 것을 알 수 있다. 이런 요건들을 놓쳐서 괜히 피눈물을 흘리지 말기 바란다.

일시적 2주택은 양도소득세뿐 아니라 취득세와 종합부동산세

일시적 2주택 비과세 요건

에서도 혜택이 있다. 조정대상지역 소재 주택을 취득할 때 2주택자는 8%의 중과세율이 적용된다. 만약 일시적 2주택 요건에 해당한다면 중과세율이 아닌 1~3%의 기본세율이 적용된다. 취득세의 요건은 양도소득세에 비해 간단하다. 신규주택을 취득하고 3년 이내에 기존주택을 처분하면 된다. 기존주택을 취득하고 1년이 지난 후 신규주택을 취득할 필요가 없고 2년 보유 요건도 필요 없다. 종합부동산세에서도 일시적 2주택은 신규주택을 취득하고 3년이 지난 후 최초 도래하는 6월 1일까지 기존주택을 처분하면 된다. 그러면 2주택자이지만 1주택자 과세방식을 적용받을 수 있기에 9억 원이 아닌 12억 원이 공제되고 고령자 세액공제와 장기보유자 세액공제도 적용할 수 있다.

고가주택 과세

1세대1주택 요건을 충족하여 비과세를 받더라도 고가주택인 경우에는 과세가 된다. 여기서 고가주택은 양도가액이 12억 원을 초과하는 주택을 말한다. 양도차익 전체가 과세되는 것이 아니라 12억 원을 초과하는 부분만 과세가 된다. 즉, 양도가 12억 원까지만 비과세해주고 있다. 과세되는 양도차익은 다음의 산식으로 계산된다.

$$\text{1세대1주택 고가주택 양도차익} = \text{전체양도차익} \times \frac{\text{양도가액} - 12\text{억 원}}{\text{양도가액}}$$

예를 들어, 10억 원에 취득한 아파트를 20억 원에 양도한 경우 1세대1주택이라면 12억 원 초과한 부분만 과세가 된다. 따라서 과세되는 양도차익은 4억 원이 된다.

10억 원(전체 양도차익) × [20억 원 − 12억 원] ÷ 20억 원
= 4억 원(과세되는 양도차익)

1세대1주택 고가주택 과세 시에는 장기보유특별공제율을 더 많이 적용해준다. 일반적인 장기보유특별공제는 1년에 2%씩 적용하여 최대 30%가 적용되지만 1세대1주택자는 1년에 보유기간 4%, 거주기간 4%가 각각 적용되어 최대 80%까지 적용될 수 있다. 이 4%가 적용되는 장기보유특별공제를 받기 위해서는 최소한 2년 이상 거주해야 한다. 따라서 1세대1주택 고가주택 절세를 위해서 거주기간 요건을 충족하는 것이 상당히 중요하다.

1세대1주택 고가주택 장기보유특별공제(총 80% 한도)

(4% × 보유기간) + (4% × 거주기간)

1세대1주택자여서 세금이 없다고 안심하고 있다가 이렇게 세금이 나오는 경우도 있다. 고가주택의 기준은 과거 6억 원일 때도 있었고 9억 원일 때도 있었는데 2021년 12월에 세법 개정으로 12억

원으로 상향되어 현재까지 적용되고 있다. 요즘 부동산 가격이 참 많이 올랐다. 고가주택 기준도 다시 한번 조정할 필요가 있지 않을까 한다.

혼인, 동거봉양 합가 등 비과세특례

살다 보면 부득이하게 1세대2주택이 되는 경우가 있다. 예를 들어, 1주택자인 부모님이 연로하셔서 1주택자인 자식이 돌봐드리기 위해 합가하는 경우가 그렇다. 합가하면 원칙적으로 1세대2주택이 되어 1세대1주택 비과세를 받지 못한다. 하지만 비과세를 받기 위해 자식이 부모님 봉양하지 못하는 경우가 발생하면 안 되지 않겠는가. 우리나라는 동방예의지국으로 예전부터 효를 중요시한다. 따라서 이렇게 부득이한 경우에 합가 후 10년 내 먼저 양도하는 주택은 비과세를 적용해준다. 다만 부모님이 60세 이상이어야 하고 양도하는 주택 역시 2년 이상 보유해야 비과세를 받을 수 있다.

결혼도 마찬가지다. 1주택을 가진 남자와 1주택을 가진 여자가 결혼하면 2주택자가 된다. 서로 사랑하지만 비과세를 받기 위해 결혼을 못한다면 참 안타까운 일이고 국가적으로도 손실이다. 따라서 결혼으로 인한 2주택자도 10년 내 먼저 양도하는 주택은 비과세를 적용해준다. 이것도 요건을 잘 지켜야 한다. 결혼 당시 남자와 여자 각각 1주택을 보유한 사람끼리 결혼해야 하는 것이고, 2년 이상 보유한 주택이어야 비과세를 받을 수 있다.

이렇게 예외적으로 비과세를 받을 수 있는 특례규정들이 있다. 상속으로 인해서 2주택자가 된 경우, 취학·근무·요양 등 부득이한 사유가 있어 수도권 밖 주택을 취득하여 2주택자가 된 경우에는 예외적으로 비과세를 적용받을 수 있다.

아는 사람만 아는
양도소득세 절세방법

나상식 씨는 투자목적으로 10년 전에 친한 친구가 투자한 아파트와 같은 단지에 있는 아파트 한 채를 구입했다. 친구는 공동명의로 취득했고 나상식 씨는 단독명의로 취득했다. 혹시 아파트 가격이 떨어지면 어쩌나 걱정도 많이 했지만 고맙게도 그동안 많이 올랐다. 어느 순간 종합부동산세가 나오기 시작했다. 집값이 많이 올랐으니 당연한 것이라고 생각했는데, 친구는 종합부동산세를 안 낸다고 한다. 같은 단지 아파트인데 왜 나만 종합부동산세가 나오는지 억울했다. 그러다 친구가 아파트를 팔기에 나상식 씨도 따라 팔았다. 그런데 알고 보니 친구는 나상식 씨보다 양도소득세도 몇 천만 원 덜 냈다고 한다. 같은 시기에 같은 금액을 주고 사서 같은 금액에 팔았는데 세금 차이는 왜 나는 것일까?

양도소득세는 비교적 큰 금액이다. 때로는 억 단위의 세금이 나오기도 한다. 만약 세금을 잘못 신고한 경우에는 가산세도 상당히 크다. 또한 늦게 적발될수록 지연납부 가산세로 인해 납부할 세금이 눈덩이처럼 커지게 된다. 따라서 양도소득세는 항상 신중하게 신고해야 한다.

양도소득세 세법 규정은 부동산 정책에 따라 정말 많이 바뀌었다. 세법 전문가인 세무사들도 양도소득세를 포기하는 경우가 생기기도 한다. 부동산 거래 시 쉽게 판단하지 말고 항상 여러 전문가의 상담을 받아보고 진행하는 것이 반드시 필요하다. 합법적인 방법으로 절세하기 위해서는 양도소득세 규정을 잘 알아야 한다. 세금을 줄이기 위해 업계약이나 다운계약 등 편법을 사용하면 오히려 더 큰 문제가 발생하게 된다.

양도소득 줄이기

세금을 줄이기 위해서는 양도소득을 줄이는 것이 먼저다. 계산 구조상 취득가액과 필요경비가 클수록 양도소득은 줄어든다. 취득가액은 실제 매매가를 사용하는 것이 원칙이다. 하지만 실제 금액을 확인할 수 없으면 매매사례가, 감정평가를 사용할 수 있다. 만약 매매사례가나 감정평가액도 없으면 환산취득가를 사용할 수도 있다. 오래전 취득하여 실제 취득금액을 확인할 수 없는 경우 기준시가로 환산하여 취득가를 계산하게 된다. 때로는 환산취득가가 실제 취득가보다 높아서 세금이 줄어드는 경우도 있다. 환산취득가 계산방법은 다음과 같다.

환산취득가 = 양도가액 × 취득일 현재 기준시가 ÷ 양도일 현재 기준시가

양도소득을 줄이기 위해서는 필요경비를 최대한 많이 반영하는 것이 좋다. 필요경비는 크게 취득단계, 보유단계, 처분단계로 나눌 수 있다. 취득단계 필요경비에는 취등록세, 중개수수료, 법무사비용, 부가가치세, 채권할인비용 등이 있다. 이런 경비는 회계상으로 취득원가를 구성하게 되지만 양도가액에서 차감하여 소득을 줄여주는 것은 동일하다.

보유단계 필요경비는 자본적 지출만 반영할 수 있다. 즉, 자산의 내용연수를 연장하거나 가치를 증가시키는 지출만 가능하고 그 외 수익적 지출은 인정되지 않는다. 예를 들어, 베란다 새시, 거실 확장공사, 보일러 교체비용 등이 자본적 지출로 인정된다. 벽지나 싱크대, 욕조 교체 비용 등은 수익적 지출에 해당하기에 양도소득을 줄이지 못한다.

자본적 지출, 수익적 지출

구분	자본적 지출	수익적 지출
개념	자산의 내용연수를 연장시키거나 가치를 증가시키기 위한 지출	수선이나 본래의 기능을 유지하기 위한 지출
필요경비 여부	○	×
예시	베란다 새시비용, 난방시설 교체비용, 방 확장공사비용, 시스템에어컨 설치비용	벽지·장판·싱크대 교체비용, 외벽 도색비용, 옥상 방수공사비용, 타일·변기 공사비용, 보일러·에어컨 수리비용

처분단계 필요경비는 중개수수료, 양도소득세 신고비용, 광고료 등이 있다. 이런 필요경비를 양도소득 계산에 반영하기 위해서는 관련 증빙이 필요하다. 따라서 비용을 지출했다면 증빙을 잘 갖춰놔야 한다.

만약 실제 지출한 필요경비가 많았다면 실제 취득가액을 확인하여 사용하는 것이 세금을 줄이는 방법이다. 필요경비는 취득가액을 실제가액으로 신고한 경우에만 적용할 수 있다. 취득가액으로 매매사례가, 감정평가액, 환산취득가를 사용한 경우에는 실제 필요경비가 인정되지 않는다. 이런 경우에는 실제 지출과 상관없이 개산공제액을 반영하게 된다. 개산공제액은 취득일 기준시가의 3%에 해당하는 금액이다.

동일한 해에 부동산을 여러 건 양도했다면 이익과 손실을 통산할 수 있다. 간혹 손실이어서 납부할 세금이 없다고 신고를 안 하는 경우가 있는데 신고를 해야 이익과 통산할 수 있다. 아쉽지만 양도로 발생한 결손금은 이월이 되지 않아 그해 발생한 이익에 한하여 통산할 수 있다.

상생임대주택 혜택

주택을 임대 주는 경우 임차인과 상생하면 세제혜택을 받을 수 있다. 상생임대주택 혜택에서 상생이란 법에서 정한 일정 요건을 지켜 서로 이득을 얻는 것을 말한다. 임대인에게는 양도소득세 계산 시 2년 거주요건을 배제시켜 주고, 임차인은 임차기간 동안 안정적으로 거주할 수 있게 된다.

　상생임대주택 혜택을 적용받기 위한 요건은 크게 3가지인데, 모두 충족해야 한다. 첫 번째는 먼저 직전 임대차계약이 존재해야 한다. 직전 임대차계약은 주택을 취득 후 체결한 계약으로 임대기간이 1년 6개월 이상인 임대차계약을 말한다. 주택을 취득하면서 승계받은 임대차계약은 직전 임대차계약으로 보지 않으니 주의해야 한다.

　둘째로, 직전 임대차계약 종료 후 상생임대차계약을 맺어야 한다. 상생임대차계약은 2021년 12월 20일부터 2026년 12월 31일 중 체결하고, 임대기간이 2년 이상이어야 한다. 셋째로, 직전 임대차계약 대비 임대료 5% 이내 증액제한을 준수해야 한다. 만약 전세에서 월세로, 월세에서 전세로 전환하는 경우에도 전환율을 계산하여 5% 이내 증액이면 가능하다. 이 전환율은 '렌트홈' 사이트에서 계산할 수 있다. 상생임대주택 3가지 요건은 그렇게 어려운 요

상생임대주택 예시

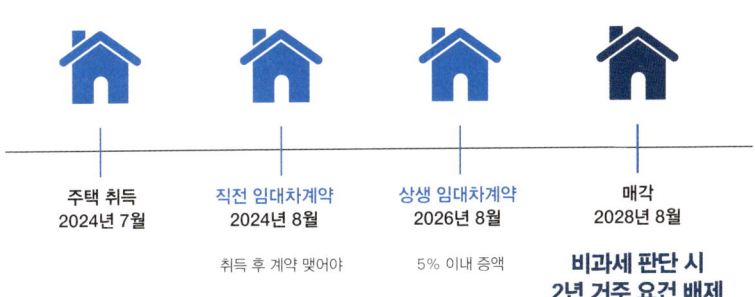

건은 아니다. 세제혜택을 활용할 수 있을지 없을지 모르더라도 우선 요건을 충족해놓는 것이 좋다.

상생임대주택 요건을 충족한 주택을 양도하면, 양도소득세 계산 시 실제로 거주하지 않았더라도 2년 거주 요건을 충족한 것으로 본다. 양도소득세 계산 시 2년 거주 요건이 있는 경우는 크게 3가지다. 조정대상지역에 소재한 주택의 1세대1주택 비과세 판정 시 2년 거주 요건이 있고, 1세대1주택 고가주택의 4% 장기보유특별공제 적용 시에도 2년 거주 요건이 있다. 이때 상생임대주택은 2년 거주 요건이 배제된다. 또한 등록임대주택을 보유한 경우 거주주택 비과세특례 적용 시 2년 거주 요건이 필요하나 상생임대주택은 거주 요건이 배제된다.

상생임대주택 혜택은 다주택자에게도 적용된다. 하지만 주택이 여러 채 있더라도 세제혜택은 최종적으로 양도하는 1주택에 한하여 적용된다. 따라서 절세를 위해서는 양도차익이 큰 주택을 마지막에 처분하는 것이 유리하다. 또 상생임대주택 요건을 한번 충족하면 실제 양도할 때까지 계속 임대료 5% 증액요건을 충족하지 않아도 세제혜택을 받을 수 있다.

부부 공동명의로 세금 줄이기

기본적인 절세방법은 주택을 부부 공동명의로 취득하는 것이다. 이미 많은 사람들이 이 방법으로 절세하고 있다. 그럼 부동산 세금별로 어떻게 절세가 되는지 살펴보자.

먼저 취득단계의 세금인 취득세는 공동명의로 취득해도 절세가 되지 않는다. 취득세는 전체 과세표준을 기준으로 세금을 계산한 후 취득세를 지분비율대로 나누어 납부하게 된다. 따라서 아쉽지만 취득세는 단독명의나 공동명의나 동일하다.

보유세인 종합부동산세는 공동명의로 절세가 가능하다. 종합부동산세는 가구별이 아닌 개인별 소유한 주택을 합산하여 과세된다. 1인당 각각 9억 원의 공제를 받을 수 있기에 부부 합산 총 18억 원의 공제를 받을 수 있다. 따라서 주택 공시가격 합계 18억 원까지는 세금이 없다. 만약 18억 원이 넘어 세금이 나온다고 하더라도 과세표준이 나누어지기에 적용되는 세율이 낮아질 수 있다.

공동명의여도 부부 합산 1주택이면 종합부동산세 개인별 과세 방식과 1주택자 과세 방식 중 선택할 수도 있다. 1주택자 과세 방식을 선택하면 공제는 12억 원이 적용되지만 보유기간과 연령에 따라 세액공제를 추가로 적용받을 수 있다. 어떤 방식이 유리한지는 계산해보아야 한다. 공시가격 18억 원 이하면 개인별 과세 방식이 유리하다. 18억 원을 초과하면서 세액공제를 적용받을 수 있다면 1주택자 과세 방식이 유리하다. 공동명의인데 1주택자 과세 방식을 적용하고 싶으면 합산배제 및 과세특례 신고기간인 9월 16일부터 30일 사이에 신청하면 된다.

처분단계의 양도소득세도 공동명의가 유리하다. 양도소득을 각자의 지분에 따라 나누어 계산해서 적용되는 세율이 낮아진다. 부부 공동명의 주택이 1세대1주택이고 2년 보유했으면 비과세 적용도 가능하다. 기본공제 250만 원도 각자 적용받을 수 있다. 공동명의로 설정하려면 부동산 처음 취득할 때부터 하는 것이 좋다. 추후 배우자증여재산공제 6억 원을 활용하여 단독명의에서 공동명의로 바꿀 수 있지만 취득세는 다시 부과된다.

예를 들어, 10억 원에 취득한 주택을 20억 원에 양도한 경우에 단독명의와 공동명의 양도소득세 부담을 비교해보면 아래와 같다. 공동명의 시 각자 소득이 분산되기에 적용되는 세율이 낮아진다. 사례에서 단독명의는 최대 42%의 세율이 적용되고 공동명의는 최대 40%의 세율이 적용된다. 따라서 단독명의보다 대략 3,000만 원의 세금을 줄일 수 있다.

단독명의와 공동명의의 양도소득세 비교

구분	단독명의	공동명의	
		남편	아내
양도가액	20억 원	10억 원	10억 원
취득가액	10억 원	5억 원	5억 원
양도차익	10억 원	5억 원	5억 원
장기보유공제 (15년 보유)	3억 원	1억 5,000만 원	1억 5,000만 원
양도소득	7억 원	3억 5,000만 원	3억 5,000만 원
기본공제	250만 원	250만 원	250만 원
과세표준	6억 9,750만 원	3억 4,750만 원	3억 4,750만 원
세율	42%	40%	40%
산출세액	2억 5,701만 원	1억 1,306만 원	1억 1,306만 원
납부세액	2억 5,701만 원	2억 2,612만 원	

다주택자가 됐다면?
최소한 중과만은 피하자

　통계청에 따르면 2023년 주택을 2채 이상 보유한 가구비율은 대략 전체가구의 14%에 달하는 것으로 나타났다. 집을 상속받아서 의도치 않게 다주택자가 되기도 하고, 부동산 투자를 위해 스스로 다주택자가 되기도 한다. 다주택자가 되면 세금을 더더욱 조심해야 한다. 우리나라는 부동산 투기를 억제하고 부동산시장 과열을 막기 위해 부동산 세법에 다양한 중과제도를 시행하고 있다.

　실수요자인 1주택자들은 해당사항이 없으나 다주택자가 되면 중과의 대상이 되기 시작한다. 중과대상이 되면 납부해야 하는 세금의 차이가 상당히 커지게 된다. 겪어본 사람들은 안다. 중과제도는 참 무서운 제도다. 그래서 많은 사람들이 다주택보다는 똘똘한 한 채를 더 선호한다. 만약 다주택자가 되더라도 최소한 취득세,

종부세, 양도세 중과만은 피하는 것이 좋다. 그 방법을 알아보자.

부동산 세금별 중과제도

부동산 취득, 보유, 처분단계의 세금에서 모두 중과제도가 있다. 취득세의 중과제도는 매매로 취득하는 경우와 증여로 취득하는 경우로 나눌 수 있다. 매매로 취득하는 경우에는 조정대상지역 소재 주택을 취득하면 2주택자부터 중과가 되고, 조정대상지역 밖의 주택을 취득하면 3주택자부터 중과가 적용된다. 조정대상지역의 주택을 취득하여 2주택자가 되면 8%의 세율이, 3주택자가 되면 12%의 세율이 적용된다.

만약 조정대상지역 10억 원의 주택을 취득하여 3주택자가 되면 취득세만 1억 2,000만 원이다. 중과가 적용되지 않으면 취득세는 3,000만 원이니 중과로 인해 세금부담이 상당히 커지게 된다. 증여로 취득하는 경우에도 중과세율이 적용된다. 증여 시 기본 취득세율은 3.5%이나 조정대상지역 소재 주택이고 공시가격 3억 원 이상인 주택을 증여받았다면 12%의 세율이 적용된다. 조정대상지역 주택을 자식에게 증여하면 세금을 더 많이 내야 한다.

종합부동산세는 조정대상지역 여부와 상관없이 3주택 이상인 자에게 중과세율이 적용된다. 2주택 이하는 0.5~2.7%의 기본세율이 적용된다. 하지만 3주택 이상부터는 0.5~5.0%의 중과세율이 적용된다. 세율표를 보면 3주택 이상자에게 중과세율이 적용되어도 과세표준 12억 원까지는 적용되는 세율이 기본세율과 동일하

종합부동산세율

2주택 이하 보유 개인		3주택 이상 보유 개인	
과세표준	세율(%)	과세표준	세율(%)
3억 원 이하	0.5	3억 원 이하	0.5
6억 원 이하	0.7	6억 원 이하	0.7
12억 원 이하	1.0	12억 원 이하	1.0
25억 원 이하	1.3	25억 원 이하	2.0
50억 원 이하	1.5	50억 원 이하	3.0
94억 원 이하	2.0	94억 원 이하	4.0
94억 원 초과	2.7	94억 원 초과	5.0

다. 즉, 주택공시가격 합계가 29억 원까지(9억 원 공제와 공정시장가액 비율 60% 반영)는 3주택자라고 하더라도 실질적으로 중과세율이 적용되지는 않는다.

조정대상지역 소재 주택을 양도하면 2주택자는 양도소득세 기본세율에 20% 중과, 3주택자는 양도소득세 기본세율에 30% 중과가 적용된다. 더구나 중과대상자는 장기보유특별공제까지 적용할 수 없으니 세금부담이 상당히 커진다. 만약 주택 취득 당시에 조정대상지역이었는데, 취득 후 조정대상지역에서 해제됐다면 중과되지 않는다. 2026년 5월 9일까지는 한시적으로 조정대상지역 소재 주택을 양도한 경우에도 중과가 되지 않는다. 부동산 경기에 따라 이런 정책을 펼쳐 거래를 활성화하기도 하고 조정대상지역을 늘려 거래를 억제하기도 한다.

부동산 세금 중과제도

구분	주택수 판단 기준	중과적용	세율
취득세	세대별	[매매] 조정대상지역은 2주택 이상 중과, 비조정대상지역은 3주택 이상 중과 [증여] 조정대상지역이면서 공시가격 3억 원 이상인 경우 중과	[매매] 기본세율: 1~3% 중과세율: 조정대상지역은 2주택 8%, 3주택 이상 12% 비조정대상지역은 3주택 8%, 4주택 이상 12% [증여] 기본세율: 3.5% 중과세율: 12%
종부세	개인별	3주택 이상 중과	2주택 이하는 기본세율 적용: 0.5~2.7% 3주택 이상은 중과세율 적용: 0.5~5.0%
양도세	세대별	조정대상지역 소재 2주택 이상 중과 (장특공제 적용 불가)	기본세율: 6~45% 중과세율: 2주택은 기본세율 + 20% 3주택 이상은 기본세율 + 30%

다주택자는 주택을 양도할 때 전략적으로 판단하여 중과세율이 적용되는 것을 최대한 피해야 한다. 어떤 주택을 먼저 양도하는지에 따라 중과여부가 달라질 수 있다. 만약 주택이 여러 채 있다면 비조정대상지역 소재 주택을 먼저 양도해야 한다. 그래야 조정대상지역에 소재한 주택을 팔 때는 중과를 적용받지 않을 수 있다. 만약 조정대상지역 소재 주택이 여러 채 있다면 그중에서 양도차익이 작은 주택부터 처분해야 한다. 어쩔 수 없이 중과되더라도 양도차익이 적다면 세금부담이 크지 않을 수 있다.

주택 수 판단 시 제외되는 저가주택

 이처럼 다주택자에게는 부동산 세금별로 중과세율이 적용된다. 여기서 몇 주택인지를 취득세와 양도소득세는 세대별로 판단하지만 종합부동산세는 개인별로 판단한다. 또한 취득세와 양도소득세의 중과대상 주택 수를 판단할 때는 조합원입주권과 주택분양권, 주거용 오피스텔도 포함하여 계산하지만 종합부동산세 주택 수 계산 시에는 포함하지 않는다. 주택 수 계산 시 제외되는 주택도 있다. 다주택자여도 이렇게 제외되는 주택을 보유하면 중과가 적용되지 않는다. 대표적으로 제외되는 주택은 저가주택이다.

 저가주택에 대한 기준은 세금별로 다르다. 취득세에서 중과가 적용되지 않는 저가주택은 수도권의 경우 공시가격 1억 원 이하의 주택이다. 주택이 지방에 소재한다면 공시가격 2억 원까지는 중과되지 않는다. 이런 저가주택을 취득하면 중과되지 않고, 다른 주택을 취득하여 중과여부를 판단할 때도 주택 수에서 제외된다.

 양도소득세에서는 중과가 되지 않는 저가주택은 지방에 소재한 공시가격 3억 원 이하의 주택을 말한다. 이런 주택은 양도할 때 중과되지 않고, 다른 주택 양도 시 중과주택 수 판단에서 제외된다.

 종합부동산세에서는 저가주택이라고 중과대상 주택 수 판단 시에 제외하는 규정은 없다. 다만 1세대1주택인지를 판단할 때 지방저가주택은 주택 수에서 제외된다. 여기서 저가주택의 기준은 수도권, 광역시, 세종시 외에 소재한 공시가격 4억 원 이하의 주택을 말한다. 1주택 외에 이런 지방저가주택을 보유하고 있어도 1세대1

주택 과세방식을 적용할 수 있다. 이렇게 저가주택에 대한 세제혜택이 있기에 저가주택을 전문으로 투자를 하는 사람들도 있다.

세대분리로 주택을 분산하라

종합부동산세 중과는 세대별이 아닌 개인별로 주택 수를 판단하여 적용하기에 세대분리하는 것과 상관이 없다. 하지만 취득세와 양도소득세의 중과여부 판단 시 주택 수 계산은 세대별로 하게 되어 있다. 따라서 세대를 분리해서 주택을 분산하는 것도 중과세를 피하는 방법이 될 수 있다.

다주택자 부모가 자식들에게 주택을 부담부증여나 저가양도하기도 하는데 이때도 자식은 세대분리의 요건을 갖추어야 한다. 세대를 분리하기 위해서는 세대를 구성할 수 있는 형식적 요건과 실질적 요건을 갖추어야 한다. 취득세와 양도소득세에서 1세대를 판단하는 기준은 좀 다르다. 취득세는 형식을 중요시한다. 따라서 주민등록표에 함께 등록되어 있다면 1세대로 본다.

양도소득세는 형식보다 실질을 중요시한다. 동일한 장소에서 생계를 같이하는 가족을 1세대로 본다. 1세대를 이루기 위해서는 원칙적으로는 배우자가 있어야 한다. 미혼인 자녀는 부모와 세대를 분리하더라도 동일세대로 간주한다. 다만 배우자가 없는 경우에도 1세대로 보는 경우가 있다. 배우자가 없어도 30세 이상이거나, 30세 미만이어도 기준중위소득 40% 이상의 소득이 있으면 1세대로 볼 수 있다. 2025년 기준 기준중위소득 40%는 1,148만

1,662원이다. 또한 배우자가 사망하거나 이혼해도 1세대로 본다. 따라서 주민등록이 다르며 각자 별도소득이 있고 실질적으로 생계를 따로 한다면 세대분리할 수 있다.

    세대분리는 동일한 주소에서도 가능하다. 소위 한 지붕 세대분리라고 한다. 부모를 세대주로 두고 세대분리를 하여 자녀를 세대원에서 세대주로 변경할 수도 있다. 부모와 자식이 동일한 주소에 살더라도 각각 소득이 있고 그 소득으로 생계를 유지하고 있다는 것을 증명하면 별도세대로 인정받을 수 있다. 하지만 단순히 세금을 줄이기 위해 형식적으로 자료를 꾸며 세대분리하면 문제가 더 커질 수 있으니 주의해야 한다.

임대소득이 발생하면 무조건 세금 내는 걸까?

> 2주택자인 나상식 씨는 거주하고 있는 주택 외 나머지 한 채는 전세를 주고 있었다. 목돈이 생겨서 세입자에게 보증금을 돌려주고 전세에서 월세로 바꾸었다. 1년이 지난 후 세무서에서 주택임대소득에 대해 신고하지 않았다며 과세예고 통지서가 날아왔다. 2주택자가 된 지는 꽤 오래되었는데 월세로 바꾸니 갑자기 세금을 내라고 하는 게 맞는 건지 의문이 들었다.

주택을 보유하며 전세나 월세로 임대를 주는 경우도 많다. 주위 부동산 중개사무실에 가보면 전세, 월세 물건이 많다. 다주택자들은 본인이 거주한 집 외에는 임대를 줄 것이고, 1주택자도 자기 집을 임대를 주고 다른 곳에서 임차하여 사는 경우도 있다. 여기서 용어가 헷갈릴 수 있는데, 빌려주는 사람이 임대인, 빌리는 사람이 임차인이다. 이렇게 주택을 임대하여 소득이 생기면 세금은 어떻게 되는 것일까? 누구는 세금을 낼 필요 없다고 하고 누구는 세금을 내야 한다고 한다. 뭐가 맞는 것일까?

과거에는 과세관청이 주택임대소득을 정확히 파악하기 힘들었다. 주택임대소득이 발생하는 사람이 상당히 많기 때문이다. 그래서 세금신고를 하지 않고 암암리에 넘어가는 경우가 많았다. 하지만 지금은 그렇지 않다. 주택임대소득 과세규정이 강화되었고 국세청 시스템은 더욱 치밀해졌다. 이제는 과세기준을 넘는 주택임대소득이 있으면 반드시 세금을 신고해야 한다.

주택임대소득 과세기준

전세나 월세를 준다고 해서 모두 세금을 내야 하는 것이 아니다. 주택임대소득이 과세되는 기준이 있다. 전세는 3주택자부터 월세는 2주택자부터 과세가 된다. 3주택자 경우에도 전세를 준다고 모두 과세되는 것이 아니다. 보증금 합계가 3억 원을 초과하는 경우에 과세가 된다. 또한 기준시가 2억 원 이하이며 전용면적 40㎡ 이하 주택은 계산 시 제외가 된다. 1주택자는 과세대상이 아니지만 예외적으로 고가주택을 월세 주는 경우에는 과세가 된다. 여기서 고가주택은 기준시가가 12억 원을 초과하는 주택을 말한다.

2025년 세법이 개정되어 2026년부터는 2주택자 전세에 대해서도 과세된다. 모든 2주택자가 과세되는 것은 아니다. 기준시가 12억 원을 초과하는 고가주택을 2채 보유하며 보증금 합계가 12억

주택임대소득 과세대상

부부합산 주택 수	월세소득	보증금소득
1주택	비과세 (공시가격 12억 원 초과 고가주택은 과세)	비과세
2주택	과세	비과세 (2026년부터 기준시가 12억 원을 초과하는 주택 2채를 보유하면서 보증금 합계가 12억 원 초과 시 과세)
3주택 이상	과세	보증금 합계가 3억 원 초과 시 과세 (40㎡ 이하이면서 기준시가가 2억 원 이하 주택은 계산 제외)

원을 초과하는 경우에 과세가 된다. 이번 세법개정으로 과세대상이 많이 늘지는 않겠지만 점점 과세대상이 넓어진다는 것이 반길 일은 아니다.

여기서 몇 주택인지 산정할 때는 본인과 배우자 주택만 합산이 된다. 직계존비속의 경우에는 동일세대여도 합산되지 않는다. 공동소유하는 주택의 경우 지분이 큰 사람의 주택으로 계산한다. 전대(빌린 것을 다시 다른 사람에게 빌려줌)와 전전세(전세 낸 것을 다시 다른 사람에게 전세 놓는 일)도 주택 수에 포함된다.

이렇게 주택임대소득이 발생하여 과세대상이 되면 사업자등록을 해야 한다. 만약 사업자등록을 하지 않으면 수입금액의 0.2%의 가산세가 발생할 수 있으니 주의해야 한다. 여기서 말하는 사업자등록은 세무서에 등록하는 것을 말한다. 지방자치단체에 등록하는 임대사업자등록과는 다르다. 지방자치단체에 등록하는 임대사업자등록은 의무사항은 아니고 선택사항이다.

주택임대사업자는 부가가치세법상 면세사업자에 해당한다. 면세사업자는 부가가치세 과세 대상이 아니어서 신고 의무가 없지만 매년 2월 10일까지 면세사업장현황신고를 해야 한다. 하지만 사업장현황신고를 하지 않아도 실질적인 불이익이 있는 것은 아니다.

주택임대소득세 계산방식

주택임대소득은 소득세법상 사업소득에 해당한다. 하지만 일반 사업소득과 달리 소규모 주택임대사업자에게는 세금계산의 혜택을 준다. 임대수입금액이 2,000만 원이 넘으면 일반 사업소득과 동일한 계산방식으로 소득을 계산해야 하지만 임대수입금액 2,000만 원 이하면 분리과세와 종합과세를 선택할 수 있다.

여기서 과세대상이 되는 임대수입은 '임대료', '간주임대료', '관리비'의 합계로 계산한다. 임대료는 월세이고 간주임대료는 보증금의 이자로 생각하면 된다. 간주임대료란 용어가 생소할 수 있다. 전세는 매달 임대료가 발생하지 않지만 보증금 이자만큼의 소득이 발생했다고 보아 과세가 된다. 법정이자율은 2025년 현재 3.1%이지만 매년 변경될 수 있다. 간주임대료는 다음의 산식으로 계산한다. 보증금 합계가 3억 원이 넘어야 간주임대료가 과세가 된다.

임대소득 간주임대료 계산

$$[\text{보증금} - 3\text{억 원}]\text{의 적수} \times 60\% \times \frac{1}{365} \times \text{정기예금이자율} - \text{임대사업 금융수익}$$

(3.1%) (이자, 배당)
매년 변경 가능

임대수입금액 2,000만 원 이하인 경우 분리과세방식으로 계산할 수 있다. 일반 사업소득은 필요경비를 차감하여 계산해야 하지만 분리과세를 선택하면 필요경비가 없더라도 일정율의 필요경비를 무조건 인정해준다. 일반 일반임대주택은 50%의 경비율을 적용해주며, 등록임대주택은 60%의 경비율을 적용해준다. 또한 소득공제 대신 일정 공제금액을 무조건 인정해준다. 일반임대주택은 200만 원, 등록임대주택은 400만 원의 공제금액을 적용해준다. 또한 세율도 일반세율이 아닌 15.4%(지방소득세 포함)로 과세가 된다.

주택임대소득 종합과세 계산방식
[(주택임대 수입금액 − 필요경비) + 다른 소득금액 − 소득공제] × 일반세율

주택임대소득 분리과세 계산방식
[주택임대 수입금액 − (주택임대 수입금액 × 필요경비율(50%, 60%)) − 공제금액(200만 원, 400만 원)] × 15.4%

그럼 임대수입금액이 2,000만 원 이하인 경우 분리과세와 종합과세 어떤 방식이 유리할까? 주택임대수입금액이 2,000만 원이고 다른 종합소득이 없는 경우, 종합과세와 분리과세 방식을 비교해

예시1

구분	종합과세	분리과세
주택임대수입금액	20,000,000원	20,000,000원
필요경비	42.60%	50%
소득금액	11,480,000원	10,000,000원
소득공제	1,500,000원	2,000,000원
과세표준	9,980,000원	8,000,000원
세율	6%	14%
산출세액	598,800원	1,120,000원
세액공제	70,000원	-
결정세액	528,800원	1,120,000원

보겠다.

종합과세를 적용하면 실제 경비를 반영할 수 있으나 추계로 신고할 수도 있다. 추계의 경우 단순경비율 42.6%를 적용받을 수 있다. 그렇게 계산한 세금과 분리과세로 계산한 세금을 비교해보면 종합과세가 유리하다. 과세표준은 분리과세로 계산할 때가 적으나 적용되는 세율이 다르기 때문이다. 종합과세는 일반 소득세율이 적용되기에 1,500만 원까지는 6.6%가 적용된다. 따라서 분리과세 세율인 15.4%보다 작아서 유리하다.

주택임대수입금액 외 다른 종합소득이 2,000만 원이 있는 경우는 어떨까? 계산방식은 예시1과 동일하나 다른 소득이 합산되기에 종합과세 시 적용되는 세율이 16.5%가 된다. 따라서 종합과세로

예시2

구분	종합과세	종합소득	분리과세
주택임대수입금액	20,000,000원	-	20,000,000원
필요경비	42.60%	-	50%
주택임대소득금액	11,480,000원	-	10,000,000원
종합소득	31,480,000원	20,000,000원	-
소득공제	1,500,000원	1,500,000원	2,000,000원
과세표준	29,980,000원	18,500,000원	8,000,000원
세율	15%	15%	14%
산출세액	3,237,000원	1,515,000원	1,120,000원
세액공제	70,000원	70,000원	-
결정세액	3,167,000원	1,445,000원	1,120,000원
세금합계	3,167,000원	-	2,565,000원

선택한 경우 세금이 더 많이 나오게 된다. 즉, 다른 소득이 커서 적용되는 세율이 높아질수록 종합과세가 불리하다.

이렇듯 분리과세가 유리한지 종합과세가 유리한지는 따져봐야 한다. 종합과세로 인해 적용되는 세율이 6.6%(지방소득세 포함) 구간이면 종합과세가 유리하다. 또한 실제 필요경비가 많아 소득이 더 적은 경우에도 종합과세가 유리하다. 하지만 그 외의 경우에는 일반적으로 분리과세가 유리하다.

주택임대소득세 절세방법

주택임대소득세 계산구조는 단순하기 때문에 절세하는 것이 쉽지는 않다. 그나마 할 수 있는 방법을 찾는 것이 필요하다. 위에서 보았듯 임대수입이 2,000만 원 이하인 경우는 절세를 위해 종합과세가 유리한지 분리과세가 유리한지 따져봐야 한다. 그 외 주택 임대소득세 절세에는 다음과 같은 방법이 있다.

경비반영

실제 필요경비가 많은 경우에는 분리과세보다 종합과세가 유리하다. 여기서 필요경비는 재산세, 종합부동산세, 수리비, 감가상각비, 중개수수료, 대출이자 등이다. 일반사업소득에 비해 인정되는 경비의 범위가 제한적이다. 인건비, 차량유지비 등의 경비는 특별한 사유가 있지 않는 한 인정받기가 어렵다. 이렇게 사용한 경비가 있으면 증빙을 잘 갖추어 장부에 반영하는 것이 필요하다.

기장세액공제

간편장부대상자가 복식부기로 신고한 경우 100만 원을 한도로 20%의 기장세액공제를 받을 수 있다. 따라서 간편장부대상자여도 가급적 복식부기로 장부를 만들어 신고하는 것이 좋다.

결손금공제

일반사업소득에서 발생한 결손금은 주택임대소득에서 공제할 수 있다. 주택임대업에서 발생한 결손금도 다른 종합소득에 공제할 수 있다. 당연한 이야기 같지만 상가와 같은 일반임대업의 결손금은 다른 종합소득에서 공제할 수 없고 일반임대소득에서만 공제할 수 있다. 주택을 임대하기 위해 대규모 인테리어나 수리비가 발생한 경우 결손금이 크게 발생할 수 있다. 따라서 이것을 잘 정리하여 반영하는 것이 필요하다.

전세로 전환, 월세 낮추기

전세는 3주택부터, 월세는 2주택부터 과세된다. 따라서 월세를 전세로 전환하여 과세대상 기준을 피하는 것도 방법이다. 또한 월세를 낮추고 보증금을 올리면 소득이 줄어든다. 월세는 전부 과세되지만 보증금은 이자에 상당하는 간주임대료만 과세가 된다.

임대료 인상 시 세금 비교

주택임대수입 연 2,000만 원까지는 분리과세할 수 있으나 2,000만 원이 초과하면 무조건 종합과세가 된다. 만약 다른 소득이 커서 적용되는 세율이 높다면 분리과세와 종합과세의 세금 차이가 클 수 있다. 연 임대료가 2,000만 원 이하인 자가 임대료를 인상하여 연 2,000만 원 초과하는 경우에는 세금계산을 해봐야 한다. 때로는 인상한 임대료보다 종합과세됨으로 추가 납부할 세금이 더 나오는 경우도 발생할 수 있다.

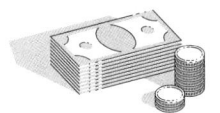

5장

%

은퇴자가 알아야 할 세금 상식

퇴직소득세가
근로소득세보다 적은 이유

한 사람에게 퇴직이라는 것은 어떤 의미일까? 오랜 기간 직장생활을 하다가 직업에서 물러나면 감회가 새로울 것이다. 오랫동안 수고한 자신이 대견하기도 하고 홀가분하지만, 한편으로는 직장이 없어진다는 것에 두렵기도 하고 불안하기도 하다. 회사마다 다르지만 정년은 사규에 정해져 있다. 대부분 50대 후반에서 60대 초반까지다. 기대수명이 날로 길어지고 있는 요즘, 이 나이대는 한창 일할 수 있는 나이다.

물론 퇴직하고 취미생활을 즐기며 더 이상 경제활동을 하지 않는 사람들도 있다. 그렇다면 퇴직할 때 받은 퇴직금과 가입했던 연금으로 생활비를 충당해야 한다. 오래 일했다면 퇴직금은 큰 목돈이 된다. 이때 세금은 어떻게 될까? 목돈을 받는다고 세금을 왕창 떼면 노후생활이 불안정해진다. 퇴직금 받으면 얼마나 세금을 내야 할까?

퇴직소득과 근로소득은 다르다

근로계약에 의해 근로기간 중 받는 소득은 근로소득이고 퇴직하여 받는 소득은 퇴직소득이다. 실제로 퇴직하지 않더라도 퇴직금 중간정산을 하면 퇴직소득으로 과세가 된다. 예전에는 근로자가 목돈이 필요하면 근로기간 중이라도 중간정산을 받을 수 있었다. 하지만 퇴직금은 노후 생활을 보장하는 중요한 재원이 되므로 특별한 경우에만 중간정산을 할 수 있고 그 외에는 할 수 없도록 근로자퇴직급여보장법으로 막아놓았다.

중간정산 사유

- 무주택자인 근로자가 본인 명의로 주택을 구입하는 경우
- 무주택자인 근로자가 주거를 목적으로 전세금 또는 보증금을 부담하는 경우
- 근로자, 근로자의 배우자, 근로자 또는 근로자의 배우자와 생계를 같이 하는 부양가족이 질병 또는 부상으로 6개월 이상 요양하는 경우
- 근로자가 중간정산 신청일부터 역산하여 5년 이내에 파산선고를 받거나, 개인회생절차개시 결정을 받은 경우
- 임금피크제를 실시하여 임금이 줄어드는 경우
- 천재지변 등 고용노동부장관이 정하는 사유에 해당하는 경우

근로소득과 퇴직소득 모두 소득세법에 열거된 소득이다. 하지만 과세방식은 다르다. 근로소득은 종합소득에 포함되어 종합과세되지만 퇴직소득은 종합과세에 포함되지 않고 별도로 과세된다. 다른 소득과 합산하여 종합과세되면 세율이 높아져 많은 세금이 발생하게 된다. 퇴직소득은 장기간에 걸쳐 발생한 소득이고 퇴직금으로 노후생활을 해야 하기에 세금을 많이 부과하지 않는다.

퇴직소득세 계산구조

퇴직소득은 종합소득과 달리 별도의 방식으로 세금을 계산한다. 적용되는 공제는 근속연수공제와 환산급여공제가 있다. 근속연수가 길수록 그리고 퇴직금이 클수록 공제되는 금액이 커진다.

퇴직소득세의 특이한 점은 세금을 계산하기 위해서 퇴직소득을 환산하여 계산한다는 점이다. 12배수로 환산한 연분연승법을 사용하여 세금을 계산하게 된다. 매년 쌓이는 퇴직금은 일반적으로 한 달치 급여에 해당한다. 따라서 1달치 급여를 12배수로 환산해서 1년치 소득에 대해 세금을 계산하도록 연분연승법을 사용하고 있다.

예를 들어, 10년간 근무하여 1억 원의 퇴직금을 받았다고 가정해보면 퇴직소득세는 약 380만 원이 나온다. 1억 원을 근로소득으로 받았다면 소득세는 약 1,100만 원 정도 나온다. 근로소득세와 비교하면 세금 차이가 많이 난다. 또한 다른 종합소득이 있다면 그 차이는 더욱 커진다.

근속연수공제

근속연수	공제금액
5년 이하	근속연수 × 100만 원
10년 이하	500만 원 + (근속연수 − 5) × 200만 원
20년 이하	1,500만 원 + (근속연수 − 10) × 250만 원
20년 초과	4,000만 원 + (근속연수 − 20) × 300만 원

환산급여공제

환산급여	공제금액
800만 원 이하	전액 공제
7,000만 원 이하	800만 원 + (환산급여 − 800만 원) × 60%
1억 원 이하	4,520만 원 + (환산급여 − 7,000만 원) × 55%
3억 원 이하	6,170만 원 + (환산급여 − 1억 원) × 45%
3억 원 초과	1억 5,170만 원 + (환산급여 − 3억 원) × 35%

퇴직소득세 계산구조

```
    퇴직소득
  − 근속연수공제
  ─────────────
  = 환산급여 ············ (퇴직소득금액 − 근속연수공제) × 12 ÷ 근속연수
  − 환산급여공제
  ─────────────
  = 퇴직소득 과세표준
  × 세율 ·················· 기본세율
  ─────────────
  = 산출세액 ············ (과세표준 × 세율) ÷ 12 × 근속연수
```

퇴직소득세는 근로소득세에 비해 비교적 부담이 적고, 4대보험도 부과되지 않는 세금이다. 이 점을 이용하여 임원들이 근로소득을 줄이고 퇴직소득을 늘려 세금을 줄이는 방법을 많이 사용해왔다. 하지만 세법도 호락호락하지 않다. 임원의 경우 퇴직소득의 한도를 세법에 설정했다. 과거에는 3배의 한도가 적용되었으나 2020년부터는 2배의 한도가 적용된다. 이 한도를 초과하는 부분은 퇴직소득세가 아니라 근로소득세로 과세가 된다.

퇴직소득세 원천징수

퇴직하며 퇴직금을 모두 일시불로 받지 않고 연금계좌로 이체하면 과세이연의 혜택을 준다. 과세이연은 세금을 줄여주는 것이 아니라 당장 세금을 내지 않고 나중에 내라고 시간적 혜택을 주는 것이다. 퇴직금을 연금계좌로 지급받거나 퇴직금을 지급받고 60일 이내 연금계좌로 이체하면 과세이연을 받을 수 있다. 따라서 퇴직금이 당장 필요하지 않다면 연금계좌에 이체하여 과세이연을 받는 것이 좋다.

연금계좌로 이체한 금액에 대해 다음의 산식에 의해 계산된 이연퇴직소득세를 당장 내지 않아도 된다. 이미 퇴직소득세를 납부했다면 환급을 받을 수도 있다. 환급된 세액은 연금계좌로 입금되어 이연퇴직소득에 포함된다.

$$\text{이연퇴직소득세} = \text{퇴직소득 산출세액} \times \frac{\text{연금계좌로 지급·이체된 금액}}{\text{퇴직소득금액}}$$

    이렇게 퇴직금을 연금계좌에 입금하여 과세이연을 받으면 추후 인출할 때 과세가 된다. 인출할 때는 연금수령과 연금외수령으로 나눌 수 있다. 연금외수령하는 경우 원천징수되는 세금은 아래의 산식으로 계산된다. 만약 요건을 충족하여 연금수령하는 경우에는 연금외수령 세율의 70%만 과세되기에 혜택이 있다. 따라서 가급적 요건을 충족하여 연금수령하는 것이 유리하다.

$$\text{원천징수할 이연퇴직소득세} = \text{연금외수령 당시 이연퇴직소득세} \times \frac{\text{연금외수령한 이연퇴직소득}}{\text{연금외수령 당시 이연퇴직소득}}$$

퇴직연금의 종류와
유리한 방법은?

> 나상식 씨는 다음 달에 정년퇴직을 한다. 사업을 접고 다시 들어온 회사인데 막상 떠나려니 마음이 복잡하다. 해외여행도 가고 쉬면서 그동안 못했던 것을 많이 하고 싶지만 언제나 돈이 걱정이다. 국민연금이 나온다지만 65세까지 기다려야 한다. 생활비를 아껴서 써도 부족하지 않을까 걱정이다. 퇴직금이 충분할지 모르겠다. 그리고 퇴직금을 어떻게 현명하게 관리할 수 있을지 고민이다. 앞으로는 내는 세금 한 푼이 아쉬울 때다.

우리나라 연금제도는 3단계로 이루어져 있다. 1단계는 국가가 보장하는 공적연금이다. 국민연금, 공무원연금이 여기에 해당한다. 2단계는 기업이 보장하는 퇴직연금이다. 기업은 퇴직금이나 퇴직연금 중 하나를 선택적으로 설정할 수 있기에, 퇴직연금을 반

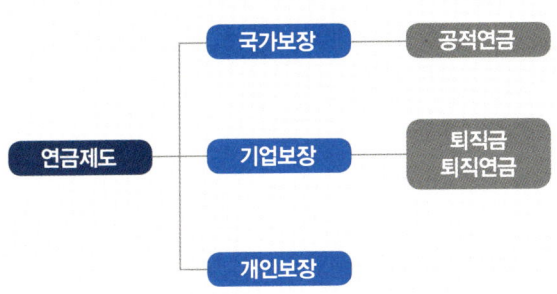

우리나라 연금제도

드시 가입해야 하는 것은 아니다. 3단계는 개인이 가입하는 사적연금이다. 앞서 보았던 연금저축이 여기에 해당한다. 이번 장에서는 퇴직연금제도에 대해 알아보겠다.

퇴직연금

회사는 1년 이상 근무한 근로자가 퇴직하면 퇴직금을 줘야 할 의무가 발생한다. 이런 퇴직금제도에는 단점이 있다. 중간정산으로 퇴직금을 미리 써버릴 수 있어 노후생활을 보장하는 효과가 저하되기도 하고, 회사가 파산하면 퇴직금을 지급할 여력이 없을 수도 있다. 이런 문제를 해결하기 위해 회사가 근로자에게 줘야 할 퇴직금을 매년 외부 금융기관에 적립하도록 한 것이 퇴직연금제도다. 근무기간 중에 회사가 퇴직연금에 불입하다가 근로자가 퇴직하면 일시금이나 연금형식으로 지급받을 수 있다.

이런 퇴직연금제도에는 확정급여형, 확정기여형, IRP가 있다. 확정급여형은 회사의 적금 같은 개념이다. 회사가 추후 퇴직금을 줘야 하니 미리 적금형식으로 외부에 적립해놓는 것과 같다. 확정급여형의 퇴직연금 운용에 대한 책임은 회사에게 있다. 퇴직 시 근로자에게 줘야 할 퇴직금은 동일하고 회사가 얼마를 부담할지는 운용결과에 따라 변동된다.

확정기여형은 직원의 적금을 대신 불입하는 것과 같은 개념이다. 회사는 퇴직금 명목으로 매년 외부 금융기관에 적립하게 된다. 이렇게 회사는 매년 불입해주고 의무가 끝난다. 확정기여형 퇴직연금의 운영 책임은 근로자에게 있다. 따라서 실제 퇴직 시 얼마 받을지는 운용성과에 따라 달라진다. 운용성과가 좋으면 더 많은 퇴직금을 받는 것이고 성과가 나쁘면 적은 퇴직금을 받는 것이다.

IRP는 개인형 퇴직연금이다. 회사를 퇴사하거나 다른 곳으로 이직할 때 이전 직장에서 받은 퇴직금을 IRP에 입금하면 퇴직소득세가 과세이연된다. 연간 1,800만 원 한도로 추가 불입할 수도 있다. IRP는 개인형이기에 운영에 대한 책임 역시 개인에게 있다.

이렇게 퇴직연금에 가입하면 운용사는 채권, 증권, 파생상품 등에 투자하여 자금을 불려가게 된다. 운용방법에 따라 원리금보장상품과 비보장상품으로 구분된다. 원리금보장 상품은 안정적이나 기대수익도 낮아진다. 운용결과에 따라 노후생활에 영향이 있을 수 있으니 신중하게 선택할 필요가 있다.

퇴직연금제도 비교

구분	주요사항
확정급여형	• 퇴직 시 지급할 급여수준을 노사가 사전에 약정 • 사용자가 적립금 운용방법을 결정 • 사용자는 근로자 퇴직 시 사전에 약정된 퇴직급여를 지급 • 계속근로기간 1년에 대하여 30일분의 평균임금에 상당하는 금액 이상
확정기여형	• 기업이 부담할 기여금 수준을 노사가 사전에 확정 • 근로자가 적립금 운용방법을 결정 • 근로자는 일정 연령에 도달하면 운용 결과에 따라 퇴직급여를 수령
기업형 IRP	• 10인 미만의 사업장의 경우 근로자 전원의 동의를 얻어 개인형퇴직연금제도 설정 시 퇴직급여제도를 설정한 것으로 인정 • 근로자가 적립금 운용방법을 결정 • DC형 준용- 근로자는 일정연령에 도달하면 운용결과에 따라 퇴직급여를 수령

개인형 퇴직연금
개인형 IRP
	• 근로자 직장이전 시 퇴직연금 유지를 위한 연금통산 장치
	• 근로자가 적립운용방법을 결정
	• 퇴직일시금 수령자가 동 일시금에 대해 퇴직소득세 과세 이연
	• 아래의 어느 하나에 해당하는 사람은 연간 1,800만 원의 한도 내에서 추가 불입 가능
	  - 퇴직급여제도의 일시금을 수령한 사람
	  - 확정급여형 또는 확정기여형 퇴직연금제도의 가입자
	  - 자영업자, 계속 근로기간 1년 미만 근로자, 주15시간 미만 근로사, 공무원, 군인, 교직원, 별정우체국 직원

출처: 금융감독원 홈페이지

퇴직연금 과세

이 퇴직연금은 퇴직할 때 일시불로 받거나 IRP계좌로 이체하여 과세이연을 할 수 있다. 퇴직금 과세에서 보았듯 일시불로 받거나 연금외수령한 경우에는 퇴직소득세가 100% 과세가 되지만 연금수령의 요건을 갖춘다면 퇴직소득세의 70%만 과세가 된다. 연금수령을 한다는 것은 아래의 요건을 갖추어 인출한다는 것이고, 그 외의 경우는 연금외수령에 해당한다. 이렇듯 연금수령의 요건을 갖추어 인출하면 세제혜택이 있으니 가급적 요건을 충족하는 것이 현명한 방법이다.

연금수령 요건

- 55세 이후 연금계좌취급자(금융회사)에 연금수령 개시를 신청 후 인출
- 연금계좌 가입일부터 5년 경과 후 인출(단, 이연퇴직소득을 연금계좌에서 인출하는 경우에는 제외)
- 연금수령한도 이내에서 인출
- 연금수령한도 = [연금계좌 평가액 ÷ (11 − 연금수령연차)] × 120%

퇴직연금에 추가 적립해서 불입할 당시에는 세액공제를 받고, 연금수령할 때는 요건을 갖춰서 3.3~5.5% 저율로 과세받는 것이 절세를 잘하는 방법이다. 확정기여형이나 IRP 연금계좌는 가입자가 추가 불입하면 연말정산 시 세액공제혜택을 받게 된다. 추가 불입액 중 연말정산 세액공제를 받은 부분과 운용수익에 대해 연금수령 시 연금소득세로 과세되는 혜택이 있다. 연금수령 시 연 1,500만 원 이하는 3.3~5.5%로 분리과세가 되며, 연 1,500만 원을 초과하면 16.5%로 분리과세가 된다.

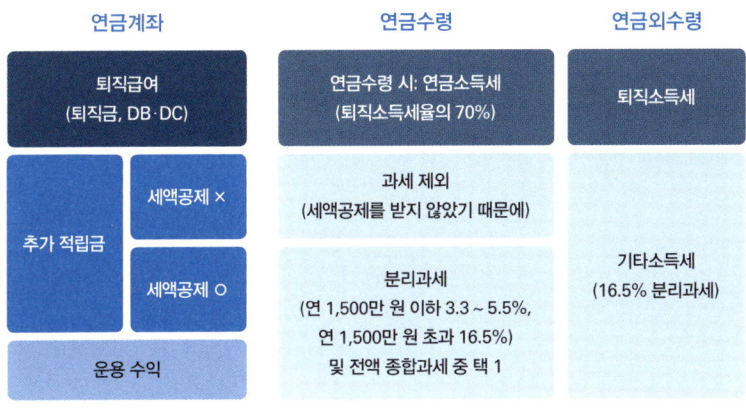

출처: 금융감독원 홈페이지

또는 전액 종합과세하는 것으로 선택도 가능하다. 다른 소득에서 결손이 발생한다면 종합과세하는 것이 유리할 수도 있다. 추가 불입하여 세액공제를 받지 않은 부분은 연금수령 시 과세가 되지 않는다. 연금수령 조건을 갖추지 못하여 연금외수령 한다면 세액공제를 받았는지 여부와 상관없이 추가 불입한 금액과 운용수익 전체에 대해 16.5%로 기타소득으로 무조건 분리과세된다.

국민연금, 공무원연금은 어떻게 과세될까?

> 정년퇴직한 나상식 씨는 아직 국민연금을 받지 못하고 있다. 안내문을 보니 매월 받을 금액이 크지는 않은데 그것도 3년 뒤부터 수령할 수 있다고 한다. 그동안 월급에서 매달 국민연금을 많이 떼어갔는데 받을 금액이 제대로 맞는 건지 모르겠다. 그리고 조기수령을 신청할 수 있지만 그렇게 하는 것이 유리한 건지 모르겠다. 손자들 맛있는 것도 사주고 싶은데 고정 수입이 없으니 왠지 마음이 불안하다.

노후 보장을 위해 가장 기본이 되는 재원은 국민연금이다. 국민연금은 소득이 있을 때 보험료를 납부했다가 노후에 연금으로 지급받는 제도다. 국민의 노후 보장을 위해 국가가 강제로 운영하고 있다. 이런 국민연금 기금이 점점 고갈되어 가고 있어 문제가 크다. 보험료 인상이 불가피한 상황이다.

우리는 얼마나 납입하고 얼마를 받게 되는 것일까? 괜히 손해 보는 건 아닐까? 한편 공무원은 국민연금이 아닌 공무원연금에 가입한다. 공무원들의 최고 혜택 중 하나가 공무원연금이다. 그럼 공무원들은 얼마를 내고 얼마를 받는 것일까? 국민연금과 공무원연금의 과세에 대해 알아보자.

국민연금

우리나라 국민 중 18세 이상 60세 미만의 자는 국민연금에 의무적으로 가입한다. 직장을 다니면 사업장 가입자가 되고 직장을 다니지 않으면 지역가입자가 된다. 소득이 없는 배우자나 27세 미만인 학생은 의무가입에서 제외된다. 그렇게 60세까지 국민연금에 보험료를 불입하다 65세부터 국민연금을 받게 된다. 60세가 넘더라도 연금을 더 받고 싶으면 65세까지 추가로 불입할 수도 있다.

보험료는 기준소득월액에서 보험료율을 곱하여 계산된다. 2025년 기준 기준소득월액은 최저 40만 원에서 최고 637만 원의 범위에 있다. 월급을 637만 원 이상 받더라도 보험료 계산 시 상한이 637만 원이 된다. 2025년 기준 보험료율은 9%다. 지역가입자는 본인이 100% 부담하지만 직장가입자는 회사와 근로자 각각 반반씩 부담하게 된다. 보수월액이 637만 원이면 지역가입자는 57만 3,300원을 부담하고, 직장가입자는 회사와 근로자 각각 28만 6,650원씩 부담한다. 기준소득월액 상하한액과 보험료율은 매년 변경될 수 있다.

국민연금 개혁으로 2026년부터 2033년까지 보험료율이 9%에서 13%까지 단계적으로 인상된다. 앞으로 8년 동안 매년 0.5%씩 꾸준히 오를 예정이다. 하지만 이런 보험료율 인상에도 국민연금 기금고갈은 15년 연장될 것으로 예상되고 있다. 보다 근본적인 대책이 필요하다.

이렇게 납부한 국민연금 보험료는 소득세 신고 시 전액 소득공제를 받게 된다. 직장가입자는 연말정산 시, 그 외 사람들은 종합소득세 신고 시 소득공제를 적용한다. 이렇게 소득이 있을 때 납부한 국민연금은 전액 소득공제가 되고 추후 연금을 받을 때 과세된다. 과거에는 소득공제 없이 연금수령할 때 비과세하였으나 소득세법이 개정되어 2002년부터 바뀌었다.

국민연금 급여의 종류에는 노령연금과 유족연금, 반환일시금 등이 있다. 매달 일정액을 지급받는 연금은 노령연금이다. 국민연금을 매달 받게 되면 연금소득 간이세액표에 의해 원천징수되고, 연금을 지급하는 국민연금공단이 원천징수의무자가 된다. 연금소득 간이세액표는 근로소득 간이세액표처럼 연금월액과 공제대상 가족 수에 따라 대략적으로 계산된 세액이다. 이렇게 매달 원천징수하여 받다가 다음 해 2월에 연금소득 연말정산을 하게 된다. 이때 정확한 세금을 계산하여 추가 징수하거나 더 납부한 세금은 환급해준다.

국민연금 급여 종류

연금 급여(매월 지급)		일시금 급여	
노령연금	노후 소득 보장을 위한 급여 국민연금의 기초가 되는 급여	반환일시금	연금을 받지 못하거나 더 이상 가입할 수 없는 경우 청산적 성격으로 지급하는 급여
장애연금	장애로 인한 소득 감소에 대비한 급여	사망일시금	유족연금 또는 반환일시금을 받지 못할 경우 장제부조적·보상적 성격으로 지급하는 급여
유족연금	가입자(였던 자) 또는 수급권자의 사망으로 인한 유족의 생계 보호를 위한 급여		

연금소득 연말정산

 연금소득 연말정산은 근로소득 연말정산과 달리 연금소득공제, 인적공제, 표준세액공제, 자녀세액공제만 적용하여 계산하게 된다. 연금소득공제는 연금액에 따라 900만 원 한도로 적용되고, 표준세액공제는 일괄적으로 7만 원이 적용된다. 이렇게 연금소득공제와 세액공제를 반영하면 연금액 770만 원까지는 세금이 발생하지 않는다.

연금소득공제

과세대상 연금액(총연금액, 과세기준금액)	연금소득공제액(한도 900만 원)
350만 원 이하	전액
350만 원 초과 700만 원 이하	350만 원 + 350만 원 초과금액의 40%
700만 원 초과 1,400만 원 이하	490만 원 + 700만 원 초과금액의 20%
1,400만 원 초과	630만 원 + 1,400만 원 초과금액의 10%

국민연금소득만 있으면 연말정산으로 과세가 종결된다. 하지만 연금액이 연금소득공제 최저기준인 연 350만 원을 초과하고 다른 종합소득이 있을 때는 합산하여 종합소득세 신고를 해야 한다. 사적연금은 분리과세를 선택할 수 있지만 공적연금인 국민연금은 다른 소득이 있으면 무조건 종합과세를 해야 한다.

많이 궁금해하는 부분이 연금을 받는 경우 '자식들이 연말정산을 할 때 나를 부양가족으로 넣을 수 있느냐'다. 연금을 받더라도 연간 연금소득금액이 100만 원 이하라면 다른 가족의 부양가족이 될 수 있다. 비과세되는 연금액을 제외하고 과세되는 연금액이 516만 원이면 연금소득공제를 적용 후 소득이 100만 원 정도 된다.

그럼 우리는 국민연금에 얼마를 넣고 얼마를 받을 수 있을지 알아보자. 단순계산을 위해 20살에 취업하여 60세까지 국민연금을 월소득 300만 원 기준으로 불입한 경우를 가정하면, 납입한 연금보험료는 1억 2,960만 원이 된다. 그러면 65세부터 매월 수령하는 국민연금은 123만 8,770원이 된다. 만약 80세까지 연금을 받을 수 있다면 총 받는 금액은 2억 2,297만 8,600원이 되고, 90세까지

연금을 받을 수 있다면 총 받는 금액은 3억 7,163만 1,000원이 된다. 따라서 얼마나 받을 수 있는지는 얼마나 오래 살 수 있는지가 관건이다. 오래 살수록 이득이니 부디 건강을 잘 유지하길 바란다.

조기수령하면 이득일까?

국민연금은 일반적으로 65세부터 수령할 수 있다. 출생년도에 따라 다르지만 69년생 이후 출생자는 65세부터 수령하게 된다. 하지만 60세부터 조기수령할 수도 있다. 65세 되기 전이지만 소득이 없는 경우에 일찍 연금을 수령할 수 있게 해주었다. 조기수령을 위해서 가입기간은 최소 10년 이상이어야 한다.

다만 일찍 신청할수록 받을 수 있는 연금액은 감액이 된다. 만약 65세부터 국민연금을 수령받는 사람이 60세부터 조기연금을 신청했다면 70%로 감액된 금액을 평생 지급받게 된다. 늦게 신청할수록 수령액은 1년에 6%씩 늘어난다. 따라서 61세부터 받는다면 76%에 해당하는 금액을 받게 된다. 정상적으로 받았을 때와 조기수령했을 때의 금액을 비교해보면, 초반에는 조기수령으로 받는 금액이 크지만 시간이 지날수록 원래 시기인 65세에 받는 것이 유리해진다.

오히려 수령시기를 더 연기하는 제도도 있다. 65세보다 더 늦게 받기 시작하면 연기한 1년당 7.2%를 가산하여 지급받을 수 있다. 65세가 되기까지 여유자금이 있고 건강하다면 연금수령 시기를 늦추어 더 많은 금액을 받는 것도 좋은 방법이다.

조기수령 연금수령액 비교 예시

기간	수령액	D년	D+5년	D+11년 8개월	D+30년
조기수령	70만 원	4,200만 원	8,400만 원	1억 4,000만 원	2억 9,400만 원
정상연금	100만 원	0	6,000만 원	1억 4,000만 원	3억 6,000만 원
차액	30만 원	4,200만 원	2,400만 원	0	6,600만 원

정상연금 100만 원 기준

공무원연금

　공무원들은 국민연금이 아닌 공무원연금을 받게 된다. 공무원연금은 국민연금과 다른 방식으로 운영된다. 기준소득월액의 9%를 매달 본인이 부담하고 사용자인 국가가 9%를 부담해 준다. 국민연금은 근로자, 사용자 각각 4.5%씩 부담하고 있으니 공무원들은 2배를 내는 셈이다. 국민연금과 달리 재원이 부족하면 국가에서 보전해주는 것이 공무원연금의 장점이다.

　공무원이 10년 미만 재직했다면 퇴직일시금을 지급받고, 10년 이상 재직한다면 공무원연금을 받을 수 있다. 퇴직 후 연금수령 개시 나이가 되면 사망 시까지 재직연수와 재직기간별 적용 비율 등에 따라 계산된 연금을 지급받는다. 또 공무원연금은 퇴직 연도별 연금지급 연령기준이 다르다. 2025년에 퇴직하면 62세부터 연금지급이 개시된다.

　공무원 연금액은 국민연금에 비해 많은 편이다. 하지만 공무원은 일반 직장인들의 2배의 보험료를 부담한다. 또 공무원은 일반 직장인에 비해 퇴직금이 상대적으로 적은 편이다. 재직기간에 따라 기준소득월액의 6.5~39%에 대한 퇴직수당을 지급받는다. 단순계산을 해보면 기준소득월액이 500만 원이고 20년 근무했다면, 대략 3,900만 원을 받게 된다. 만약 같은 조건으로 일반 사기업에 근무했다면 대략 1억 원의 퇴직금을 지급받는다. 따라서 공무원들이 연금을 많이 받는다고 너무 불만을 가지지 않아도 된다. 공무원연금은 국민연금과 동일하게 연금소득으로 과세되고 퇴직수당과 퇴직연금일시금은 퇴직소득으로 과세된다.

국민연금만으로는 안 된다!
주택연금 받으면 세금은 어떻게 될까?

> 나상식 씨는 은퇴 후 아내와 함께 국민연금을 받아 생활비를 충당한다. 국민연금으로 매월 받는 금액은 100만 원이 조금 넘는다. 생활비로는 많이 부족하다. 은퇴 전에는 아이들 뒷바라지하느라 모은 돈도 별로 없다. 가진 재산이라고는 아파트 한 채가 전부다. 아파트 한 채가 더 있었지만 자식들에게 이미 넘겨주었다. 그렇다고 자식들 형편도 뻔히 아는데 손을 벌리기도 민망한 상황이다. 다행인지 불행인지 아파트 가격이 많이 올라서 좋긴 하지만 보유세 부담이 매년 커지고 있다. 생활비를 마련하기 위해서는 살고 있는 아파트를 팔고 다른 동네 저렴한 아파트로 이사 가야 한다. 오랫동안 살아왔던 동네를 떠나 새로운 곳으로 가려니 마음이 무거워진다.

사람들마다 필요한 생활비가 다르겠지만 국민연금, 개인연금만으로 안정적인 노후생활이 부족할 수 있다. 국민연금은 지급액이 크지 않고 개인연금 가입은 의무가 아니다. 은퇴 후에 추가적인 소득을 얻기 힘든 사람들도 많다. 그렇게 기존 연금만으로 생활비를 충당하기에 부족하다면 주택연금을 신청할 수 있다. 소득은 없지만 거주하고 있는 집을 보유한 사람들은 많이 있다. 주택연금은 본인이 거주하고 있는 주택을 담보로 대출받아서 연금처럼 받는 것이다. 주택연금을 받으면 세금은 어떻게 될까?

주택연금 가입

보유한 주택이 있다고 누구나 주택연금에 가입할 수 있는 것은 아니다. 부부 중 한 명이 최소 55세 이상이어야 한다. 또한 주택 공시가격이 12억 원 이하여야 한다. 다주택자여도 합산하여 12억 원 이하면 가능하다. 12억 원을 초과하는 고가주택을 보유한 사람은 가입할 수 없다. 다만 합산하여 12억 원을 초과하는 2주택자는 3년 내에 1주택을 처분하면 가입할 수 있다.

주택연금은 주택을 담보로 대출받는 개념이다. 담보제공 방식은 저당권 방식과 신탁 방식이 있다. 저당권 방식은 내가 주택을 계속 소유하며 주택금융공사가 저당권을 설정하는 방식이고, 신탁 방식은 주택금융공사에 신탁하여 소유권을 이전하는 방식이다.

주택연금의 장점은 내 집에서 계속 살면서 연금을 받을 수 있다는 점이다. 생활비를 마련하기 위해 부득이하게 집을 팔고 이사를 갈 필요가 없다. 배우자가 사망하더라도 남은 사람이 동일한 금액으로 계속 연금을 받을 수 있다. 모두 사망한 후에 남는 집값은

주택연금 정산

금액	처리방법
주택처분금액 > 연금지급총액	남는 부분에 대해 상속인에게 돌려줌
주택처분금액 < 연금지급총액	부족분에 대해 상속인에게 별도 청구하지 않음

자식들에게 상속이 된다. 만약 그동안 수령한 연금액이 집값보다 크다고 하더라도 부족분을 자식들에게 청구하지 않는다.

그럼 얼마를 받게 되는가?

주택연금상품은 일반형, 주택담보대출 상환용, 우대형, 소상공인대출 상환용 등이 있다. 기존 주택에 대출이 없다면 일반형을 받게 된다. 대출이 있다면 주택담보대출 상환용을 받아 대출을 상환하고 남은 금액을 연금으로 받을 수 있다.

주택연금은 평생 동안 지급받을지 아니면 일정 기간 지급받을지 선택할 수 있다. 일정 기간만 지급받는 것을 선택하면 매월 더 많은 연금을 지급받을 수 있다. 또 연금 형식으로만 지급받을지 일부 목돈을 받고 나머지를 연금으로 받을지 선택할 수도 있다. 연금 지급방식도 정액형, 초기증액형, 정기증가형을 선택할 수 있다.

정액형에 종신지급방식으로 연금을 받는 경우에는 연령별로 표에 따른 금액을 지급받을 수 있다. 5억 원의 주택을 가진 사람이 70세이면 약 148만 원의 연금을 남은 평생 받을 수 있다.

주택연금 상품

일반형 주택연금

노후생활자금을 평생 동안 매월 연금으로 수령

우대형 주택연금

부부 기준 2억 5,000만 원 미만의 1주택 소유자이면서 1인 이상이 기초연금 수급권자일 경우 일반형 주택연금 대비 최대 약 20% 더 수령

주택담보대출 상환용 주택연금

인출한도 범위(대출한도의 50% 초과 90% 이하)안에서 일시에 목돈으로 찾아 본인이나 배우자가 받은 주택담보대출을 상환하고 나머지는 평생 동안 매월 연금으로 수령

소상공인대출 상환용 주택연금

인출한도 범위(대출한도의 50% 초과 90% 이하)안에서 목돈으로 찾아 소상공인인 본인이나 배우자가 받은 대출을 상환하고 나머지는 평생 동안 매월 연금으로 수령

*최초 연금대출 실행일로부터 6개월 이내 소상공인 대출 상환 및 폐업 신고 필요

출처 : 한국주택금융공사 홈페이지

일반주택 정액형 종신지급방식 예시

단위: 천 원

주택 가격 연령	1억 원	2억 원	3억 원	4억 원	5억 원	6억 원	7억 원	8억 원	9억 원	10억 원	11억 원	12억 원
55세	147	295	443	591	739	887	1,035	1,183	1,331	1,479	1,627	1,774
60세	200	400	600	801	1,001	1,201	1,402	1,602	1,802	2,003	2,203	2,403
65세	242	485	727	970	1,212	1,455	1,698	1,940	2,183	2,425	2,668	2,911
70세	297	595	892	1,190	1,487	1,785	2,082	2,380	2,677	2,975	3,272	3,275
75세	371	742	1,113	1,484	1,855	2,227	2,598	2,969	3,340	3,535	3,535	3,535
80세	474	949	1,424	1,899	2,374	2,849	3,324	3,799	3,936	3,936	3,936	3,936

만약 해당 주택에 거주하다 다른 장소로 이사를 하거나 1년 이상 거주하지 않은 경우에는 주택연금 지급이 정지된다. 다만 병원이나 요양기관에 입원하거나 양로원이나 자녀의 봉양을 받기 위해 이주하는 경우에는 주택연금이 정지되지 않는다.

세제혜택

주택연금은 주택을 담보로 대출을 받아서 연금을 받는 것이니 연금소득이 아니다. 대출이라서 이자비용이 발생하게 된다. 따라서 소득이 아니기에 주택연금을 받는다고 세금을 내지 않는다. 주택연금 가입 시 세제혜택도 있다. 주택연금을 받는 사람이 다른 연금을 받아서 연금소득이 발생했다면 연 200만 원 한도로 이자비용에 대한 소득공제를 받을 수 있다.

또한 담보로 제공하는 등기에 대해 등록면허세를 부담하는 경우에는 등록면허세를 감면받을 수 있다. 담보로 제공한 주택에 대한 재산세도 최대 25% 감면받을 수 있다.

세제혜택

구분		감면내용

가입 단계	등록면허세·지방교육세	• 등록면허세(저당권 설정금액의 0.2%) 및 지방교육세(등록면허세의 20%) 최대 50% 감면(~'27.12.31.)
		1) 주택 공시가격 등이 5억 원 이하인 1세대1주택자: 50% 감면
		2) 위 1)에 해당하지 않는 자
		  ① 등록면허세액이 300만 원 이하: 등록면허세 50% 감면
		  ② 등록면허세액이 300만 원 초과: 등록면허세 150만 원 공제
		※ 신탁방식 주택연금 가입자의 경우 등록면허세 6,000원, 지방교육세 1,200원으로 총 7,200원 발생하며 공사가 해당 비용 지원

	농어촌특별세	• 납세의무 면제
	국민주택채권 매입의무	• 납세의무 면제
이용 단계	소득세	• 대출이자비용 소득공제(연 200만 원 한도) -「소득세법」제51조의4에 따라 연 200만 원 한도 소득공제
	재산세	• 1세대1주택자가 저당권방식 주택연금에 가입한 경우 재산세(본세) 최대 25% 감면(~'27.12.31.) 1) 주택연금 가입주택이 5억 원 이하: 재산세(본세) 25% 감면 2) 주택연금 가입주택이 5억 원 초과: 5억 원 기준 재산세 부과 - 위 감면 외에 다른 재산세 감면 혜택[예시:「지방세법」에 따른 1세대1주택자에 대한 주택세율율 감면 특례('26년까지 적용)]이 있는 경우, 감면 혜택이 더 큰 한 가지만 적용

출처: 한국주택금융공사

자식들이 주는 용돈도 과세될까?

> 나상식 씨는 은퇴 후 국민연금을 받고 있지만 생활비로는 많이 부족하다. 그동안 자식 농사는 잘 지었나보다. 착하게도 자식들이 매달 조금씩 용돈을 주고 있다. 통장으로 계좌이체를 받고 있는데 인터넷을 보니 가족 간 계좌이체 하면 세금을 내야 한다고 한다. 이러다 세무조사를 받는 건 아닌지 가슴이 철렁한다. 괜히 나 때문에 자식들에게도 피해가 가는 건 아닌지 불안해진다. 정말 괜찮을까?

부모가 소득이 있을 때 자식을 부양하고 자식은 부모가 노후하면 봉양하는 것이 전통적인 가족의 모습이었다. 요즘은 시대가 바뀌었다. 예전처럼 자식을 많이 낳지도 않고 자식이 있더라도 부모를 봉양하는 문화가 줄어들었다. 본인의 노후 준비를 스스로 해야 한다. 하지만 자식이 부모에게 용돈을 주는 경우도 있다. 적게는 몇 십만 원에서 많게는 몇 백만 원까지 주기도 한다. 그럼 이런 경우에도 정말 과세가 되는 것일까?

용돈 과세될까?

일반적으로 자식이 부모에게 주는 용돈은 과세되지 않는다. 사회통념상 합리적인 수준에서는 증여로 보지 않기 때문이다. 하지만 상황에 따라 다를 수 있다. 만약 부모의 소득이 있는데도 꾸준히 용돈을 드린다면 증여로 볼 수도 있다. 또한 자식이 주는 용돈을 모아서 부모가 부동산이나 자동차, 주식을 취득한다면 역시 증여세가 과세될 수 있다. 단순히 생활비를 위해 드리는 용돈의 수준을 벗어나기 때문이다.

용돈의 크기가 크다면 이것도 사회통념상 수준을 벗어날 수 있다. 세법에 금액에 대한 기준은 없다. 몇 십만 원이나 백만 원 수준은 괜찮을 수 있으나 몇 백이나 몇 천만 원을 꾸준히 드린다면 과하다고 볼 수도 있다. 따라서 용돈을 주고받을 때도 조심해야 한다.

용돈으로 매달 몇 백만 원이 넘는 금액을 받았다면 해당 금액을 생활비로 사용했다는 입증자료를 준비하는 것이 좋다. 용돈이 사회통념상 합리적 수준을 벗어나 증여세가 과세되더라도 10년 동안 5,000만 원까지는 증여재산공제가 적용되기에 그 이하로는 증여세가 나오지 않는다.

상속을 준비하면 병원비는 주의하자

나이가 들어가며 아픈 곳도 많아진다. 병원비가 생각보다 많이 들어간다. 소득이 없는 노후에는 병원비 내기도 부담된다. 자식들이 병원비를 내주기도 하는데 이때도 과세될까? 병원비를 대신 내주는 것은 증여세가 과세되지 않는다. 부모 병원비를 내준 것을 과세하는 것이 오히려 사회통념을 벗어난 것이다. 자식들은 이 병원비에 대해 연말정산 시 의료비 세액공제도 받을 수 있다.

때로는 요양원이나 양로원에 들어가기도 한다. 요양원비나 양로원비도 비싸다. 자식들이 내주는 요양원비, 양로원비도 증여세가 과세되지 않는다. 하지만 요양비를 충당하라고 부모가 자식에게 사전에 거액의 돈을 이체해주었다면 주의해야 한다. 해당 금액이 증여가 아니라는 것을 입증해야 과세를 피할 수 있다.

상속을 준비하는 경우에는 주의해야 한다. 피상속인 본인이 내는 병원비, 요양비, 간병비는 본인의 재산에서 차감되고 상속재산을 줄이게 된다. 하지만 자식들이 대신 내는 비용은 상속재산을 줄이지 못해 절세에 도움이 되지 않는다. 막상 상속이 개시되면 다시 돌려받을 것을 전제로 대신 내줬다고 입증하기가 어렵다. 부모가 아픈데 절세까지 생각할 겨를이 없겠지만 상속 계획을 잘 세우는 것도 필요하다.

고령자 취업 시 소득세 감면 혜택

요즘 기대수명이 길어져서 '노후'의 기준도 달라지고 있다. 예전에는 60세가 넘으면 노인이라고 했는데 요즘 사회제도에서 공식적인 노인 기준은 65세다. 최근에 노인의 기준을 70세로 상향하자는 논의가 많이 있지만, 아직까지 많은 회사의 정년은 60세인 경우가 많다. 그러면 국민연금을 받기 시작하는 65세까지 소득이 없게 된다. 국민연금을 받는다고 하더라도 금액이 그렇게 크지는 않다.

만약 재취업을 한다면 60세 이상인 자도 중소기업취업자 소득세 감면의 혜택을 받을 수 있다. 200만 원을 한도로 3년간 소득세 70%의 감면을 받을 수 있다. 따라서 경력을 활용하여 재취업하여 소득세 감면을 받는 것도 좋은 방법이다.

6장

재산을 물려줄 때 알아야 할 세금 상식

재산 물려줄 때
꼭 알아야 하는 세금들

　부모의 자식 사랑은 전 세계 공통이지만 우리나라 부모들은 유난하다. 나는 어렵게 살았어도 내 자식들은 남부럽지 않게 잘살게 해주고 싶은 게 부모 마음이다. 어릴 때부터 학원비, 등록금, 유학비와 같은 교육비 지원에 결혼하면 전세금, 혼수는 기본이다. 게다가 사업자금도 지원해주고 집도 사주고 차도 사주는 부모도 많다. 그리고 노년에는 남은 재산을 어떻게 자식에게 물려줄지 고민한다. 부모의 자식 사랑은 끝이 없다.

　하지만 이럴 때도 늘 세금문제가 따라온다. 재산을 물려주면 세금은 자식이 내야 한다. 현명한 부모는 자식의 세금문제까지 고려하여 장기적 계획을 세운다. 그러기 위해서는 재산을 물려줄 때 어떤 과세문제가 있는지 잘 알아야 한다.

생전에 재산을 물려주면 발생하는 세금, 증여세

재산의 무상이전에는 증여세가 과세된다. 증여는 무상으로, 즉 대가를 받지 않고 내 재산을 주는 것을 말한다. 유상으로 거래하더라도 시가보다 많이 싸게 거래하면 거래금액 이상으로 재산이 이전되기에 증여가 이루어진 것으로 본다. 아무리 부모, 자식 간이라도 현금이나 부동산 등의 재산을 무상으로 줬다면 증여세가 발생한다. 증여세는 수증자, 즉 재산을 받은 자가 세금을 낸다. 부모가 자식에게 재산을 증여했다면 자식이 세금을 내게 된다.

하지만 세법도 너무 팍팍하지는 않다. 10년간 증여한 재산을 합쳐서 일정 금액까지는 세금을 매기지 않는다. 이것은 증여재산 공제 때문이다. 부모와 자식 간 서로 증여했다면 10년에 5,000만 원이 공제된다. 부부 간에는 6억 원이 공제된다. 미성년자인 자식에게 증여했다면 2,000만 원이 공제된다.

여기서 주의할 점은 증여자 1명당 해당 금액이 공제되는 것이 아니라는 점이다. 예를 들어, A에게 아버지가 5,000만 원, 어머니가 5,000만 원, 할아버지가 5,000만 원을 증여해줬다면 A에게 과세되는 증여재산가액은 1억 5,000만 원에서 5,000만 원을 차감한 1억 원이 된다. 증여자 기준 각각 5,000만 원을 공제하는 것이 아니라 수증자 기준으로 직계존속 집단을 합쳐서 10년에 5,000만 원을 공제한다.

증여재산공제

증여자	배우자	직계존속	직계비속	기타친족	기타
공제한도액	6억 원	5,000만 원 (수증자가 미성년자인 경우 2,000만원)	5,000만 원	1,000만 원	없음

수증자가 다음의 증여자로부터 증여받는 경우 적용하며, 증여재산 공제 한도는 10년간의 누계한도액임

    증여세 계산 시 동일 증여인으로부터 받은 증여재산이 있다면 가산하여 증여세를 계산한다. 여기서 동일인이란 직계존속인 경우 배우자를 포함한다. 다만 10년간 합산하여 1,000만 원이 넘는 경우에만 가산한다. 과거 납부한 증여세는 공제되지만 재산이 합산되기에 더 높은 증여세율이 적용되어 세금이 더 많이 나오게 된다. 이렇게 증여를 받으면 10~50%의 세율로 증여세가 과세되고, 증여받은 날이 속하는 달의 말일부터 3개월 내에 신고와 납부를 해야 한다.

    만약 한 세대를 건너뛰어 증여가 이루어지면 세대생략에 대해 할증하여 과세된다. 즉, 할아버지가 아들이 아닌 손자에게 증여하면 세금을 30~40% 더 내야 한다. 아무리 손자 사랑이 크더라도 증여할 때는 세금에 더욱 주의해야 한다. 만약 아들이 사망한 경우에는 손자에게 증여하더라도 할증되지 않는다.

    증여받은 후 재산을 다시 돌려주는 경우에는 어떻게 될까? 신고기한 내 반환하면 증여세는 과세되지 않는다. 증여세 신고기한은 증여받은 날이 속하는 달의 말일부터 3개월 내다. 따라서 이 기간 내에 돌려주면 증여를 없었던 것으로 본다. 하지만 신고기한이

증여세 계산구조

	증여재산가액	증여일 현재 시가로 평가
−	비과세, 채무액	
+	증여재산가산액	10년 이내 동일인으로부터 증여받은 재산가액 (1,000만 원 이상)
=	**증여세 과세가액**	
−	증여재산공제	배우자 6억 원, 직계존속 5,000만 원(미성년자 경우 2,000만 원), 직계비속 5,000만 원, 기타친족 1,000만 원
−	감정평가 수수료	
=	**증여세 과세표준**	
×	세율	10~50%
=	**산출세액**	
+	세대생략할증과세액	세대생략 증여 시 30~40% 할증
−	세액공제	신고세액공제, 기납부세액공제, 외국납부세액공제 등
+	가산세 등	
=	**납부세액**	

지나고 3개월 내 반환하면 처음 증여만 과세하고 반환한 것은 증여로 보지 않는다.

만약 신고기한으로부터 3개월이 지나서 반환하면 반환한 것도 증여로 보아 과세한다. 그러면 증여세가 두 번 나오게 된다. 따라서 증여를 하더라도 신중하게 결정해야 한다. 다만 금전은 시기에 관계없이 처음 증여와 반환 모두 증여세가 부과된다.

사망하여 재산을 물려주면 발생하는 세금, 상속세

생전에 재산을 이전하면 증여에 해당하고, 사망하여 재산이 이전되면 상속에 해당한다. 상속이 이루어져 무상으로 재산이 이전되면 상속세를 내야 한다. 이렇듯 죽는 순간까지 세금문제가 발생한다.

상속세는 재산을 받은 상속인이 낸다. 돌아가신 분을 피상속인이라고 하고 재산을 물려받은 사람을 상속인이라고 한다. 용어를 헷갈리지 말아야 한다. 피상속인이 돌아가시기 전에 유언을 통해 상속인을 지정했다면 지정된 상속인에게 재산이 이전된다. 하지만 유언이 없다면 재산은 배우자, 직계존속, 직계비속, 형제자매, 4촌 이내 방계혈족에게 돌아간다. 다만 아래와 같이 민법에서 정한 순서에 따라 상속받을 권리가 생긴다. 1순위는 직계비속과 배우자다. 1순위자가 포기하지 않으면 2순위 이하에게는 상속이 이루어지지 않는다.

유언이 없다면 같은 순위 내에 있는 사람들끼리 잘 협의하여 재산을 분배하면 된다. 하지만 협의가 잘 이루어지지 않는 경우에는 법정상속분대로 나눠서 가질 수 있다. 큰아들이라고 더 많은 재산을 받는 것은 아니다. 자식들은 동일한 비율로 재산을 받을 수 있다. 하지만 배우자는 법정상속분이 1.5배다. 예를 들어, 아들, 딸, 배우자가 상속인이라면 1:1:1.5의 비율로 재산이 나누어진다.

상속인들끼리 협의가 이루어진다면 어느 누가 법정상속분을 초과하여 재산을 상속받더라도 증여세가 과세되지 않는다. 만약 상속재산이 유언에 의해 특정 상속인에게 몰린다면 다른 상속인은 법정상속분의 3분의 1에서 2분의 1을 요구할 수 있는 유류분 청구를 할 수 있다.

상속의 순위

우선순위	피상속인과의 관계	상속인 해당 여부
1순위	직계비속과 배우자	항상 상속인
2순위	직계존속과 배우자	직계비속이 없는 경우 상속인
3순위	형제자매	1, 2순위가 없는 경우 상속인
4순위	4촌 이내의 방계혈족	1, 2, 3순위가 없는 경우 상속인

상속세 계산구조

- 총상속재산가액 ······ 상속개시일 현재 시가로 평가
- ⊖ 비과세
- ⊖ 공과금, 채무액, 장례비
- ⊕ 사전증여재산가산액 ······ 10년 이내 상속인에게 증여한 재산, 5년 이내 상속인이 아닌 자에게 증여한 재산

= **상속세 과세가액**
- ⊖ 상속공제 ······ 기초공제, 인적공제, 배우자공제, 금융재산상속공제 등
- ⊖ 감정평가 수수료

= **상속세 과세표준**
- ⊗ 세율 ······ 10~50%

= **산출세액**
- ⊕ 세대생략할증과세액 ······ 세대생략 상속 시 30~40% 할증
- ⊖ 세액공제 ······ 신고세액공제, 단기재상속세액공제, 증여세액공제 등
- ⊕ 가산세 등

= **납부세액**

금융재산 상속공제

순금융재산가액	금융재산상속공제
2,000만 원 이하	해당 순금융재산가액 전액
2,000만 원 초과 ~ 1억 원 이하	2,000만 원
1억 원 초과 ~ 10억 원 이하	해당 순금융재산가액 × 20%
10억 원 초과	2억 원

상속세는 피상속인의 모든 상속재산을 합산해서 계산한다. 현금, 예금, 부동산 등의 재산이 모두 포함된다. 피상속인의 보험금, 퇴직금, 신탁재산도 포함된다. 사망 전 1년 내 2억 원, 2년 내 5억 원 이상의 예금인출과 재산처분액 중 사용처가 불분명한 금액은 상속재산가액에 포함된다. 이렇게 모든 재산을 합산하고 피상속인에게 귀속된 공과금, 채무, 장례비용은 공제해준다. 따라서 공제를 위해 장례비용은 영수증을 잘 챙겨놓아야 한다.

상속세가 과세되는 재산에는 사망하기 10년 전에 상속인에게 증여한 재산과 5년 전에 상속인이 아닌 자에게 증여한 재산가액도 포함하여 계산된다. 상속세를 줄이기 위해 미리 증여하는 것을 방지하기 위한 규정이다. 물론 상속재산에 합산하여 상속세 계산 후 기존에 납부한 증여세는 차감해준다. 따라서 사전에 재산을 증여하더라도 건강할 때 줘야 합산되지 않는다.

이 상속세 과세가액에 비교적 큰 금액의 상속공제를 적용해준다. 기초공제는 2억 원, 인적공제는 1인당 5,000만 원이다. 이 기초공제와 인적공제를 합한 금액과 일괄공제 5억 원 중 큰 금액을 공제한다. 요즘은 자식이 많지 않기에 일반적으로 일괄공제 5억 원을 공제한다. 여기에 배우자가 있으면 배우자상속공제가 적용된다. 배우자가 상속받은 금액이 없거나 5억 원 미만이면 5억 원을, 상속받는 금액이 5억 원 이상이면 실제 상속받은 금액을 공제한다.

다만 배우자상속공제에는 한도가 있다. 30억 원과 법정상속지분 중 작은 금액이 한도다. 배우자가 30억 원을 상속받더라도 법정상속지분이 20억 원이라면 20억 원까지만 공제받을 수 있다. 배우자가 있으면 일괄공제와 배우자공제를 합하여 최소 10억 원이 공제되기에 상속재산 10억 원까지는 상속세가 나오지 않는다. 이 상속공제 금액은 세법이 개정되면 조정될 수 있다. 상속재산 중 예금, 적금, 주식 등 금융재산이 있으면 금융재산 상속공제를 받을 수 있다. 금융재산은 결국 투명하게 드러나기에 상속재산을 숨기지 말고 신고해야 한다.

이렇게 상속공제까지 적용한 과세표준에 세율을 곱하여 상속세가 나오게 된다. 상속세율은 10~50%로 증여세율과 동일하다. 상속세는 상속개시일이 속하는 달의 말일부터 6개월 이내에 신고와 납부를 해야 한다.

상속세는 비교적 큰 금액의 세금이 나온다. 상속인은 재산을 받았더라도 당장 세금을 납부할 여력이 되지 않을 수 있다. 그러면 분납이나 연부연납을 신청할 수 있다. 분납은 세금이 1,000만 원이 넘으면 2개월로 나눠서 내는 제도다. 연부연납은 세금이 2,000만 원이 넘으면 10년 이내의 기간 동안 나눠 내는 제도다. 연부연납은 담보를 제공해서 세무서의 허가를 받아야 한다. 분납 시에는 가산금이 발생하지 않으나 연부연납 시에는 이자 성격인 가산금도 발생한다. 현재 가산금 이자율은 3.2%이지만 매년 변경될 수 있다.

상속세 개편 논의, 유산세 vs 유산취득세

상속세는 이중과세라는 논란과 함께 상속세 개편의 찬반 논의가 이어져 오고 있다. 하지만 소득세는 소득에 대한 세금이고 상속세는 재산의 이전에 부과하는 세금이다. 세금부과의 대상과 목적이 다르기에 이중과세는 아니다. 다만 상속세 세율이 높고 징벌적 과세의 성격이 있기에 더욱 이중과세라는 비판을 받는다. 최근에는 부동산 가격 상승 등으로 상속세 과세 대상자가 많아졌고, 상속세 부담을 OECD 수준에 맞추려는 인식이 커져 개편의 필요성이 높아지고 있다.

우리나라 현행 상속세율은 10~50%이다. 우리나라는 다른 OECD 국가에 비해 세율이 높은 편이다. OECD 국가 중 상속세가 없는 나라들도 있다. 상속세가 있는 나라 중 최고세율 평균은 26%이다. 한편으로 상속세로 인한 국세수입은 2% 정도다. 전체로 보면 다른 세금에 비해 비중이 크지는 않다. 상속세는 조세재정 확보라는 세금의 본질적 기능보다는 공평과세의 실현이 주된 목적이다. 상속세는 부자들에게 더 많은 세금을 부과하고 부의 세습을 억제하여 불평등을 완화하는 역할을 하고 있다.

그럼 어떤 방식으로 바꾸는 것이 좋을까? 우선 유산세 방식과 유산취득세 방식을 이해하는 것이 필요하다. 현행 상속세는 유산세 방식이다. 유산세 방식은 피상속인의 모든 상속재산을 합산하여 상속세를 계산 후 상속인 지분대로 세금을 납부하는 방식이다. 전체 상속세는 각자 받은 재산에 관계없이 결정된다. 반면 유산취득세 방식은 전체 상속재산이 아닌 각 상속인별로 취득한 상속재산을 기준으로 각각 과세하는 방식이다.

예를 들어, 상속재산이 총 20억 원이고 자녀 A, B가 각각 10억 원씩 받는다면 유산세 방식은 20억 원으로 상속세를 계산 후 그 세액을 A, B가 나누어 내게 된다. 편의상 5억 원의 상속재산공제만 반영하여 세금을 계산해보면 총상속세는 4억 4,000만 원이 되고 A, B 각각 2억 2,000만 원의 세금을 부담하게 된다. 유산취득세 방식은 A와 B는 본인이 받은 10억만 가지고 각각 세금을 계산한다. 각각 2억 5,000만 원의 상속재산공제만 반영하여 세금을 계산해보면 1억 6,500만 원의 세금을 각각 납부하게 된다.

적용되는 세율 측면에서 보면 상속세율은 누진세가 적용되기 때문에 유산세 방식이 유산취득세 방식보다 고율의 세율이 적용된다. 따라서 유산세 방식의 세금부담이 커지게 된다. 하지만 유산세 방식과 유산취득세는 과세대상을 산정하는 방식의 차이다. 다른 상속공제를 고려하였을 때 반드시 유산취득세 방식이 세부담을 낮춘다고 단정 지을 수는 없다. 예시에서도 상속공제 5억 원을 임의로 A, B에게 나누어 2억 5,000만 원으로 적용한 것이지, 실제로 상속공제를 어떻게 적용할지는 논의가 필요한 부분이다.

유산세와 유산취득세 중 어느 방식이 더 좋다고 단정 지을 수

유산세와 유산취득세

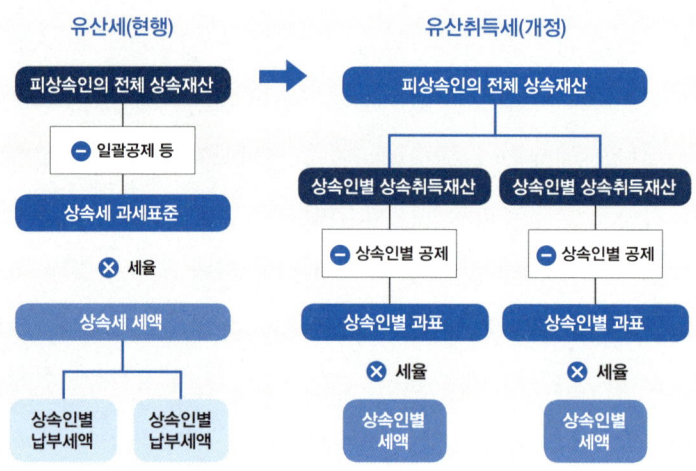

출처: 기획재정부

없다. 하지만 유산취득세 방식은 상속인이 받은 만큼의 세금을 부담하기에 공평과세에 더 적합하다는 평가를 받고 있다. 대부분의 OECD국가도 유산취득세 방식을 채택하고 있다. 따라서 우리나라 상속세도 유산취득세 방식으로 개편될 가능성이 높다.

자식에게 부동산 주는 기술, 부담부증여와 저가양도

> 나상식 씨는 서울에 아파트가 2채 있다. 최근 아파트 가격이 많이 올라서 좋긴 하지만 보유세 부담이 커졌다. 아파트 가격이 더 오를 수 있다는데 그냥 팔기는 아깝다. 이번에 결혼하는 아들에게 아파트 한 채를 주고 싶은데 세금이 너무 많이 나와서 고민이다. 어떤 방법이 좋을지 주위 사람들에게 물어봐도 제대로 된 답변을 듣지 못했다. 우리나라는 세금을 왜 이리 많이 떼는지 한탄스럽다.

자식들에게 물려주는 재산 중 비중이 가장 큰 것은 대부분 부동산일 것이다. 수도권 아파트는 보통 몇 억에서 몇 십억 하니 자식에게 명의를 이전해주면 세금도 몇 억이 나올 수 있다. 명의를 이전하는 방법에는 무상으로 주는 증여와 상속이 있고 유상으로 매매하는 양도가 있다. 방법에 따라 각각 적용되는 세법이 다르고 부담하는 세금이 차이 난다. 증여나 상속은 상속세 및 증여세법이, 양도는 양도소득세법이 적용된다.

취득세도 증여, 상속, 매매에 따라 달라진다. 그럼 세금부담을 최소화하면서 아파트를 자식에게 이전하는 방법은 무엇일까? 많은 부모들이 가장 관심을 가지는 부분 중 하나다. 일반적으로 많이 사용하는 방법은 부담부증여와 저가양도다. 두 방법의 차이와 주의할 사항에 대해 알아보겠다.

부담부증여

부동산을 자식에게 넘기는 가장 쉬운 방법은 증여다. 그러면 증여받은 재산에 대해 자식이 증여세를 내게 된다. 만약 시가 10억 원의 아파트를 자식에게 증여하면 5,000만 원의 증여재산공제를 반영하더라도 약 2억 2,500만 원의 증여세를 내야 한다. 상당히 많은 세금을 낸다.

이런 증여세를 줄이는 방법으로 부담부증여를 많이 사용한다. 부담부증여는 증여이지만 채무를 승계하는 조건으로 증여하는 것이다. 예를 들어, 10억 원의 아파트에 5억 원의 전세보증금이나 대출금이 있다면 이 채무를 같이 이전하는 조건으로 증여하게 된다. 그러면 자식은 채무를 차감한 아파트 가격인 5억 원에 대한 증여세만 내면 되고, 5억 원 상당의 채무 이전에 대해서는 부모에게 양도소득세가 과세된다. 세법에서는 본인이 갚아야 할 채무를 이전한 것도 양도로 보기 때문이다.

부담부증여로 인한 양도소득세 계산 시 양도가와 취득가는 아래의 산식에 의해 계산된다. 일반증여와 부담부증여와의 차이는 자식이 10억 원 전체에 대한 증여세를 내느냐 5억 원에 대한 증여세를 자식이 납부하고 5억 원에 대한 양도소득세를 부모가 내느냐의 차이다. 이 세금 차이를 비교해보아야 한다.

부담부증여 양도가와 취득가 계산

$$양도가액 = 증여재산가액 \times \frac{채무액}{증여재산가액}$$

$$취득가액 = 취득가액 \times \frac{채무액}{증여재산가액}$$

부담부증여 시 주의할 점이 있다. 채무를 이전한 이후에는 자식이 채무를 상환해야 하는 것이지 부모가 대신 갚아주면 안 된다. 만약 부모가 대신 갚아준다면 이것도 증여세가 과세된다. 과세관청은 채무상환을 어떻게 했는지에 대해 사후관리를 실시하고 있다. 또 주의할 점은 자식이 증여받을 당시 취득세와 증여세를 부담할 여력이 되어야 한다는 것이다. 취득세와 증여세마저 부모가 대신 납부해준다면 역시 증여세가 부과된다.

저가양도

부동산을 자식에게 넘기는 또 다른 방법은 저가양도를 하는 것이다. 저가양도는 부모가 부동산을 시가보다 싸게 자식에게 파는 것이다. 일반적으로 부동산 거래하면서 싸게 혹은 비싸게 거래할 수도 있다. 하지만 싸게 거래하면 누군가는 이득을 보기 마련이다. 세법에서는 기준금액 이상으로 차이가 나게 거래하면 이것도 증여로 보아 증여세가 부과된다. 만약 자식이 부모에게서 부동산을 시세보다 많이 저렴하게 구매한다면 차액만큼은 증여세를 납부해야 한다.

그 기준금액은 특수관계자 간의 거래에서는 시가의 30%와 3억 원 중 적은 금액이다. 예를 들어, 10억 원의 아파트를 7억 원까지 싸게 거래해도 증여세가 발생하지 않지만, 6억 원으로 거래하면 기준금액과 차이인 1억 원(4억 원 - 3억 원)에 대해서는 증여세를 내야 한다. 따라서 부모가 자식에게 저가양도를 할 때는 자식에게 증여세 부담이 없는 선에서 거래하는 것이 좋다.

부모에게는 부동산을 판 것이기에 양도소득세가 부과된다. 양도소득세는 양도가와 취득가의 차이인 양도차익에 세금이 부과된다. 저가양도를 하면 양도가가 낮아지기에 양도차익이 적어지고 세금이 줄어든다. 이렇게 부모, 자식과 같은 특수관계자 간에 저가양도하여 양도소득세가 줄어드는 것을 세법은 부당행위로 보아 막고 있다.

특수관계자와의 거래에서 시가와 거래가의 차액이 3억 원 이상이거나 시가의 5% 이상 차이가 나게 거래하면 시가로 거래한 것으로 보아 양도소득세를 과세한다. 즉, 10억 원의 아파트를 7억 원에 팔더라도 양도가액을 10억 원으로 보아 양도소득세를 계산하게 된다. 결국 저가양도를 하더라도 부모가 부담하는 양도소득세는 동일하다. 저가양도는 자식의 자금부담을 줄여주는 방법이다.

저가양도에서 주의할 점은 자식이 양도대가를 부모에게 지급해야 한다는 것이다. 양도대가를 지급하지 않으면 결국 증여로 보아 증여세가 과세된다. 따라서 저가양도를 하기 위해서는 자식이 어느 정도 재원을 마련해놓아야 하고 자금출처에 대한 대비가 되어 있어야 한다.

부담부증여와 저가양도 세금비교

자식에게 부동산을 물려줄 때 증여, 부담부증여, 저가양도의 경우 각각 세금을 비교해보고 세금부담이 제일 적은 방법을 선택해야 한다. 증여세와 양도소득세뿐 아니라 취득세까지 따져봐야 한다. 모든 경우에 일괄적으로 유리하게 적용되는 방법은 없다. 처한 상황이 모두 다를 수 있기 때문이다. 양도소득세 비과세 적용이 가능한지, 중과세율이 적용되는지, 사전증여 재산이 있는지 등을 모두 따져서 각각 경우마다 세금을 계산한 후 비교해야 한다. 또 각 경우에 필요한 자금출처 준비가 가능하지도 따져보아야 한다.

그럼 숫자로 예를 들어보겠다. 시가 10억 원의 아파트를 자식에게 증여, 부담부증여, 저가양도하는 경우의 세금부담을 비교해

증여, 부담부증여, 저가양도 세금부담 비교

단순증여		부담부증여				저가양도	
증여세		증여세		양도소득세		양도소득세	
증여재산가	10억 원	증여재산가	10억 원	양도가	5억 원	양도가	10억 원
채무	0원	채무	5억 원	취득가	2억 5,000만 원	취득가	5억 원
증여재산공제	5,000만 원	증여재산공제	5,000만 원	장특공제	2,500만 원	장특공제	5,000만 원
과세표준	9억 5,000만 원	과세표준	4억 5,000만 원	과세표준	2억 2,250만 원	과세표준	4억 4,750만 원
세율	30%	세율	20%	세율	38%	세율	40%
세액	2억 2,500만 원	세액	8,000만 원	세액	6,461만 원	세액	1억 5,306만 원
합계	2억 2,500만 원	합계			1억 4,461만 원	합계	1억 5,306만 원

보겠다. 정확한 세금계산을 위해 추가적인 정보가 필요하다. 5년 전에 5억 원에 취득하였으며, 부담부증여하는 경우에는 채무가 5억 원이 있고, 저가양도하는 경우에는 증여세가 나오지 않게 7억 원에 양도한다고 가정해보겠다.

세금을 비교해보면 단순증여가 세금부담이 제일 크고 부담부증여의 세금부담이 제일 작다. 하지만 모든 경우에 부담부증여가 유리한 것은 아니다. 양도소득세 중과가 적용되면 때로는 단순 증여가 유리할 수 있다. 만약 부모가 1세대1주택자이면 양도소득세가 비과세되기에 저가양도가 더 유리하다.

이렇듯 각자 처한 상황이 다르기에 어떤 방법이 유리한지는 시

부담부증여, 저가양도 취득세율

구분	과세대상	세율
부담부증여	유상취득분(채무)	매매 취득세율 (1~3%, 중과 시 8%, 12%)
	무상취득분(나머지)	증여 취득세율 (3.5%, 중과 시 12%)
저가양도	유상취득분(대금지급)	매매 취득세율 (1~3%, 중과 시 8%, 12%)
	무상취득분(시가인정액 – 대금지급)	증여 취득세율 (3.5%, 중과 시 12%)

취득세 비교

구분		취득세
단순증여		3,500만 원
부담부증여	유상취득분	500만 원
	무상취득분	1,750만 원
저가양도	유상취득분	1,169만 원
	무상취득분	1,050만 원

뮬레이션을 해보고 판단해야 한다. 만약 보유한 아파트에 채무나 전세보증금이 없어서 부담부증여를 할 수 없다면 50%를 증여하고 나머지 50%를 양도하면 부담부증여처럼 세금을 줄일 수 있다. 각 경우별로 취득세도 비교해야 한다. 부담부증여와 저가양도의 경우 매매 취득세율과 증여 취득세율이 동시에 적용된다.

위의 예를 비조정대상지역에 소재한 아파트라고 가정했을 때 취득세를 비교해보면 위의 표와 같이 계산된다. 부담부증여와 저가양도의 세금부담이 비슷하지만 부담부증여가 조금 유리하다. 하지만 조정대상지역에 소재한 아파트라면 증여 취득세가 중과가 적용되기 때문에 저가양도가 유리하다.

양도소득세 이월과세에 주의

배우자나 부모에게 증여받은 부동산을 양도하는 경우에는 10년간 양도소득세 이월과세 규정이 적용된다. 특수관계자에게 증여하여 세금을 줄이는 것을 방지하기 위한 규정이다. 부동산을 직접 양도하는 것보다 증여 후 양도하면 취득가액을 높일 수 있기에 양도소득세가 줄어들기 때문이다. 따라서 자식에게 부동산을 물려줄 때도 이 규정을 주의해야 한다.

이월과세는 배우자나 직계존비속으로부터 증여받은 부동산을 10년 이내에 양도하는 경우에 적용된다. 증여받은 지 10년이 지나면 적용되지 않는다. 따라서 증여를 받았다면 10년이 지난 후 처분하는 것이 좋다. 이월과세 규정이 적용되면 양도소득세 계산 시 취득가와 취득시기를 당초 증여자의 취득가, 취득시기로 적용하게 된다. 즉, 증여가 없었다고 가정하여 양도소득세를 계산하기에 양도차익이 커지게 된다. 이미 납부한 증여세는 경비로 공제된다. 다만, 이월과세 규정이 적용되어 기존보다 세금이 오히려 적어지는 경우에는 이 규정을 적용하지 않는다.

부담부증여로 증여받은 부동산을 양도하는 경우에도 이월과세 규정이 적용된다. 전체금액이 아닌 증여에 해당하는 부분(채무를 제외한 나머지 부분)만 이월과세가 적용되고, 수증자가 1세대1주택이면

양도소득세 이월과세

구분	이월과세
적용요건	배우자·직계존비속에게 증여받은 부동산을 10년 내 양도
적용대상	토지·건물·부동산을 취득할 수 있는 권리, 주식 등
납세의무자	수증자
취득시기, 취득가액	증여자 취득시기, 증여자 취득가액 적용
세율, 장특공제	증여자 취득일부터 기산
기납부 증여세	필요경비로 적용

양도소득세 이월과세 예시

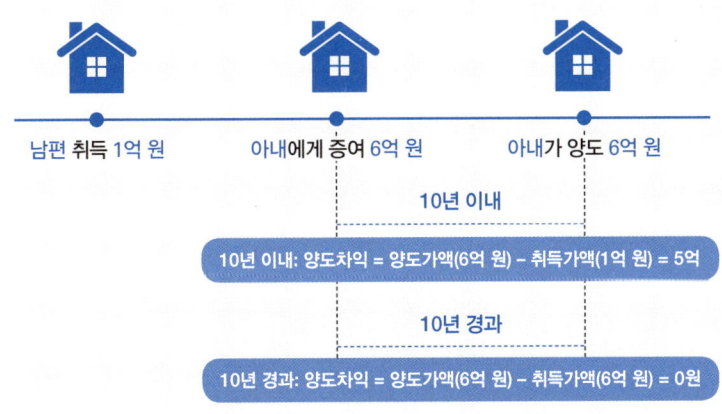

10년 내 양도하더라도 비과세가 적용된다. 저가양도는 증여가 아니기에 이월과세 규정이 적용되지 않고 자식이 부동산을 취득 후 비과세 요건을 충족시킨 후 팔면 비과세 혜택을 받을 수 있다.

상속받은 아파트 세금은 어떻게 될까?

부모님이 돌아가셔서 아파트를 상속받는 경우가 생길 수 있다. 이때 빨리 팔아야 하는지 보유해도 되는 것인지 고민이 된다. 이때 세금문제를 잘 알고 판단해야 한다.

취득세

상속으로 주택을 취득하면 2.8%의 취득세율이 적용된다. 증여보다 낮은 세율이 적용된다. 만약 상속을 받아 1가구1주택이면 0.8%의 특례세율을 적용한다. 상속으로 다주택자가 되더라도 중과세율은 적용되지 않는다. 상속인은 어쩔 수 없이 부동산을 취득한 것이기 때문이다. 또한 다른 주택을 취득하여 중과세율 판정 시 5년이 지나지 않은 상속주택은 주택 수에서 제외된다.

종합부동산세

상속받은 주택에도 종합부동산세가 부과된다. 기존주택과 상속주택의 공시가격이 합산되어 세금이 부과되는 것은 동일하다. 다만 상속을 받은 지 5년이 지나지 않았다면 상속주택은 주택 수 판정 시 제외된다. 따라서 상속을 받아 2주택자가 됐다고 하더라도 1세대1주택 과세방식을 적용할 수 있다. 그러면 9억 원이 아닌 12억 원이 공제되고, 고령자·장기보유 세액공제도 적용할 수 있다.

양도소득세

주택을 상속받아 2주택자가 되었더라도 기존에 보유했던 주택을 양도하면 1세대1주택으로 보아 비과세를 받을 수 있다. 주의할 점은 기존에 보유한 아파트를 먼저 양도해야 하며 상속주택을 먼저 양도하면 비과세를 받을 수 없다. 또한 상속받은 지 5년 내 상속주택을 양도하면 조정대상지역에 소재하더라도 중과되지 않는다. 일반적으로 주택을 2년 미만 보유하고 양도하면 60~70%의 높은 세율이 적용된다. 하지만 상속받은 주택은 2년 미만 보유하고 팔더라도 단기세율이 적용되지 않고 일반세율이 적용된다.

증여세가 발생하는 다양한 경우들

나상식 씨에게는 오래전에 부모님으로부터 물려받은 땅이 하나 있다. 운 좋게도 개발 호재로 땅값이 많이 올랐다. 팔기도 애매해서 그냥 가지고 있다가 나상식 씨의 아들에게 원하면 사용하라고 했다. 나상식 씨의 아들은 나상식 씨가 소유한 시가 20억 원 토지에 조그만 건물을 지어 임대사업자로 등록하여 임대업을 시작했다. 개발 호재로 공실도 없고 임대료도 잘 들어왔다. 나상식 씨 아들은 소득세 신고도 매년 성실히 했다. 그러던 어느 날 세무서에서 증여세 과세예고 통지서가 날아왔다. 이들에게 과연 무슨 일이 생긴 것일까?

일상생활의 다양한 경우에 증여세가 발생할 수 있다. 상대방에게 이익을 주는 경우는 다양하기 때문이다. 하지만 그 경계가 모호할 수 있다. 일반적으로 부모가 자식에게 용돈을 주고 교육비를 주고 생일선물을 사주는 것은 양육이다. 자식이 연세가 많은 부모님께 용돈을 드리는 것도 봉양이지 증여세 과세대상이 아니다. 하지만 그 범위를 넘어서면 증여세 과세대상으로 볼 수도 있다. 가족 간이어도 재산의 무상이전은 증여에 해당한다. 우리가 무심코 하는 행동에 때로는 세금이 따라오기도 한다. 따라서 우리는 세법 규정을 잘 알고 대비해야 한다.

축의금, 혼수, 전세금은 증여세가 발생할까?

자식이 결혼하면 부모는 자식의 앞날을 축복하며 최대한 많이 지원하고 싶은 것이 인지상정이다. 혼수도 해주고 신혼집 전세금도 지원해준다. 이렇게 받은 금전이나 재산은 증여세가 부과될까?

우선 축의금부터 얘기해보겠다. 결혼할 때 주위 사람들에게 축의금을 받게 된다. 축의금은 축하의 의미로 지인들이 주는 돈이다. 이런 축의금은 사회통념상 합리적 수준에서는 과세되지 않는다. 사회통념상 합리적 수준이란 것이 애매하지만. 일반적으로 낯 십만 원에서 몇 백만 원 정도는 합리적 수준으로 볼 수 있다. 그러나 축의금 명목으로 거액의 돈을 준다면 과세가 될 수 있다. 축의금으로 한 명에게 몇 천만 원을 받는다면 사회통념상 합리적 수준을 넘어선 것으로 볼 수 있다.

축의금은 결혼당사자 명의로 들어오는 돈과 부모 명의로 들어오는 돈이 있다. 만약 부모가 본인에게 들어온 축의금을 모아서 자식에게 줬다면 증여로 볼 수도 있다. 사실 과세관청이 한가하지 않고 그렇게 팍팍하지도 않다. 이런 것까지 하나하나 조사해 증여로 보아 과세하는 경우는 거의 없다. 하지만 증여의 개념과 리스크는 알고 가는 것이 필요하다. 세금 리스크를 줄이기 위해서 축의금은 일괄 자식명의로 받는 것이 좋다.

일반적인 혼수는 증여세가 부과되지 않는다. 혼수도 어떻게 보면 재산의 무상이전에 해당하지만 혼수는 우리나라의 오랜 전통이고 사회통념상 합리적 수준으로 볼 수 있다. 하지만 그 범위를 넘어서 혼수로 비싼 사치품이나 자동차를 사줬다면 증여세가 과세될 수 있다.

부동산 자금은 더욱 조심해야 한다. 신혼집을 사주거나 전세금 명목으로 돈을 줬다면 증여세 과세가 된다. 부동산 자금은 금액이 큰 편이기에 사회통념상 합리적 수준으로 보기 힘들다. 만약 신혼집 마련을 위해 부모가 돈을 빌려줬다면 어떻게 될까? 실제로 빌려준 것이라면 증여세가 과세되지 않는다. 부모, 자식 간의 자금거래는 증여로 추정한다. 즉, 실제 차용거래라는 것을 입증해야 증여세가 과세가 되지 않는다. 차용증을 작성하고 빌린 돈에 대한 이자를 실제로 주고받아야 증여가 아닌 것으로 인정받을 수 있다.

자식이 결혼 후 아기를 낳으면 손자와 손녀가 생긴다. 손자와 손녀는 자식보다 더 예쁘고 귀하다. '눈에 넣어도 안 아프다'라는 말이 실감될 것이다. 손자와 손녀에게 주는 용돈이나 세뱃돈도 과도한 금액이 아니라면 과세되지 않는다.

손자와 손녀의 대학교 등록금, 유학비를 내주는 것은 어떨까? 손자와 손녀에 대한 사랑이 커서 이것저것 다 해주고 싶겠지만 세금은 조심해야 한다. 부모가 소득이 있어 자식을 부양할 수 있는 상황에서 조부모가 손자와 손녀에게 교육비, 유학비를 지급하면 증여세가 과세될 수 있다. 이럴 때는 가급적 증여재산공제 범위 내에서 지원하는 것이 좋다.

증여세가 발생하는 다양한 경우들

부모 명의의 집에 자식이 무상으로 거주하는 경우는 어떨까? 부모와 자식이 같이 거주하는 경우에는 증여로 보지 않는다. 하지만 별도로 거주하며 부모 명의의 부동산을 무상사용하면 증여로 보아 증여세가 과세된다. 다만 무상사용 이익이 5년 합산하여 1억 원 미만인 경우에는 과세하지 않는다. 부동산 시세가 약 13억 원이 넘지 않으면 5년간 무상사용 이익이 1억 원을 넘지 않기에 증여세가 과세되지 않는다. 부동산 가격이 13억 원이 넘으면 증여세 문제를 최소화하기 위해서 일정 금액의 월세를 지급하는 것이 좋다.

나상식 씨 아들 사례의 경우에도 시가 20억 원의 부모님 소유 토지를 무상으로 사용한 것이기에 증여세가 과세됐다. 동일한 논리로 부모 부동산을 무상으로 담보로 이용하여 이익을 얻은 경우는 증여로 보아 과세한다. 하지만 부동산 담보이익이 1,000만 원 미만인 경우에는 과세하지 않는다.

부모에게 돈을 빌려도 증여세가 과세될 수 있다. 세법에서는 금전을 무상 혹은 낮은 이율로 대출한 경우도 이익을 얻은 것으로 보아 증여세를 과세한다. 하지만 그 이익이 1년에 1,000만 원 미만

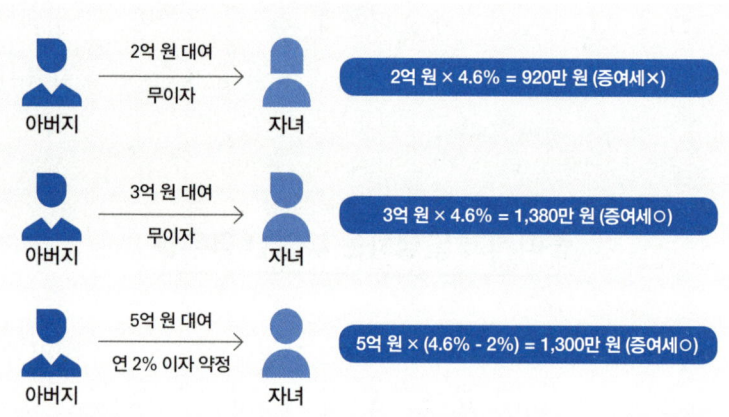

인 경우는 과세하지 않는다. 세법상 법정이자율은 4.6%다. 부모님에게 약 2억 1,739만 2,000원 초과한 금액을 무상으로 빌리면 법정이자가 1년에 1,000만 원이 넘어서 증여세가 과세된다. 따라서 부모자식 간이라도 금전대여 시 적정이자를 주고받는 것이 반드시 필요하다.

그 외에도 증여세가 발생하는 경우가 다양하게 있다. 부모가 본인의 자금으로 부동산을 취득하였으나 배우자나 자식 등 가족 명의로 등기를 했다면 증여에 해당한다. 단순히 명의만 자식 명의이지 내 것이라고 생각했다가 큰 세금이 나오게 된다.

채권자에게 채무를 면제받으면 그 금액도 증여로 본다. 즉, 부모님에게 돈을 빌린 후 돈을 갚지 않거나 부모가 돈 받기를 거부하면 결국 증여로 본다. 또한 자녀가 대출받고 부모가 대신 상환해도 증여세가 과세된다. 이렇게 자식을 사랑해서 하는 부모의 행동이 세금으로 돌아올 수 있다.

위자료 vs 재산분할

이혼 시 재산분할을 하거나 위자료를 주는 경우가 발생한다. 이때도 세금문제가 따라온다. 재산을 받는 사람 입장에서 재산분할금과 위자료 모두 증여세는 과세되지 않는다. 재산분할은 재산 형성에 배우자가 기여한 부분을 인정해주는 것이고 위자료는 상대방의 정신적 고통에 대상 보상금이기 때문이다. 다만 재산을 받은 사람이 부동산 등기할 때 취득세는 발생한다.

재산을 주는 사람 입장에서는 재산분할인지 위자료 지급인지에 따라 세금이 달라진다. 부동산의 경우 재산분할은 재산을 나누는 것이기에 양도로 보지 않으나 위자료는 대가를 부동산으로 지급하는 것이기에 양도로 본다. 따라서 부동산으로 지급하는 위자료는 양도소득세를 내야 한다. 부득이하게 이혼하더라도 서로 협의를 잘해서 재산분할을 해야 절세할 수 있다.

위자료, 재산분할 과세문제

부동산 등기 원인	지급자	수령자
위자료	양도소득세	취득세(3.5%)
재산분할	과세되지 않음	취득세(1.5%)
증여	과세되지 않음	취득세(3.5% 또는 12%) 증여세(이혼 전 증여 시 배우자공제 6억 원 가능)

세금을 줄이기 위해 위장이혼을 하는 사람들이 간혹 있다. 위장이혼을 하면 세대를 분리하여 양도소득세 비과세를 받거나 중과세율을 피할 수 있고 재산분할로 증여세나 양도소득세를 회피할 수 있다. 하지만 국세청도 만만하지 않다. 위장이혼이 아닌지 다양한 방법으로 추적조사를 실시하고 있다. 위장이혼이 적발되면 가산세가 더해져 세금이 크게 추징될 수 있으니 주의해야 한다.

자금출처조사
나도 걸릴까?

> 자식 사랑이 유별난 나상식 씨는 본인 소유 아파트 한 채를 자녀에게 물려주기 위해 고민을 많이 했다. 주위 사람들에게 물어보니 자식에게 저가양도를 하면 자식은 증여세를 안 내도 된다고 해서 저가양도하기로 했다. 그렇게 자식에게 명의를 이전하고 돈은 나중에 받기로 했다. 몇 달이 지난 후 세무서에서 자식에게 자금출처조사가 나왔다. 세무서에서 어떻게 알고 나왔을까? 세금 폭탄을 맞는 건 아닌지 뭘 어떻게 대응해야 할지 불안하기만 하다.

우리는 살면서 간혹 자금출처조사를 받게 된다. 부동산을 취득했거나 고액의 채무를 상환했는데 자금출처가 명확하지 않은 것에 대해 소명해야 한다. 특히 가족 간의 거래에서는 더욱 주의해야 한다. 이런 세무조사 통지서를 받으면 불안하고 막막한 기분이 든다. 그동안 문제없이 세금신고를 했다면 당당하게 소명하면 된다. 하지만 누구나 실수도 할 수 있고 나도 모르게 놓치는 부분이 있을 수 있다.

부동산을 취득했다고 자금출처조사가 무조건 나오지는 않는다. 아무 이유 없이 재수 없으면 걸리는 것도 아니다. 국세청도 한가하지 않다. 나름 혐의점이 있고 조사를 통해 세금추징의 가능성이 있어야 조사를 나온다. 따라서 부동산 취득 시 우리는 먼저 규정을 잘 알고 대비해야 한다. 그리고 필요하다면 전문가의 도움을 받는 것도 좋다.

자금출처조사

국세청은 PCI분석시스템을 도입하여 탈세혐의를 분석하고 있다. 재산(property)과 소비(consumption)에 소득(income)을 차감하여 분석하는 것으로 소득보다 많은 소비와 재산 증가가 있었다면 탈세를 의심할 수 있다. 소득이 연 5,000만 원인 사람이 10억 원 정도 되는 부동산을 취득하거나 부채를 상환했다면 그 자금의 출처를 의심받게 된다.

신용카드 사용액이 연소득보다 훨씬 크다면 신고하지 않은 추가 소득이 있거나 다른 사람에게 증여받았을 가능성이 있다. 1,000만 원 이상의 고액 현금거래에 대해서 금융기관은 금융정보분석원(FIU)에 자동으로 보고하게 되어 있다. 회피하기 위해 금액을 쪼개 거래해도 기준금액 이상이면 보고된다. 국세청은 이런 시스템을

상속세 및 증여세 사무처리규정 제42조 제1항에 따른 증여추정 배제기준

구분	취득재산		채무상환	총액한도
	주택	기타재산		
30세 미만	5,000만 원	5,000만 원	5,000만 원	1억 원
30세 이상	1억 5,000만 원	5,000만 원	5,000만 원	2억 원
40세 이상	3억 원	1억 원	5,000만 원	4억 원

통해 세무조사에 필요한 정보를 가지고 있다는 것을 알아야 한다.

　자금출처조사가 이루어지면 부동산 등을 구입한 자금 출처를 입증해야 한다. 이것을 입증하지 못하면 증여받은 것으로 추정하여 증여세를 부과한다. 이것을 증여추정이라고 한다. 설령 실제 증여가 아닐지라도 입증하지 못한 부분에 대해 세금을 내야 한다. 자료를 준비하여 열심히 자금출처를 입증했으나 재산취득자금 전체를 입증하지 못할 수도 있다. 만약 미입증금액이 재산취득가액의 20%와 2억 원 중 적은 금액에 미달하는 경우에는 전부 입증된 것으로 봐준다. 예를 들어, 10억 원의 부동산을 취득했는데 8억 원에 대해서만 자금출처를 입증하면 전체를 입증한 것으로 보아 증여추정을 하지 않는다.

　나이를 고려한 증여추정 배제기준도 있다. 30세 미만인지 이상인지 혹은 40대 이상인지에 따라 증여추정 배제기준이 정해져 있다. 이 기준에 미달하는 금액에 대해서는 증여추정하지 않아 과세되지 않는다. 하지만 증여추정 기준 미만이더라도 무조건 세금이 나오지 않는 것은 아니다. 객관적으로 증여받은 자료가 명확하다면 증여세가 부과된다.

자금출처 준비

자금출처를 입증하기 위해서는 객관적인 자료가 필요하다. 가장 대표적인 것이 소득자료다. 근로소득 원천징수영수증이나 사업소득, 금융소득 내역 등 신고된 내역이 있어야 한다. 소득자료 외에 추가적으로 자금을 확보한 내역이 있다면 준비해야 한다. 상속이나 증여로 받은 자금이 있다면 해당 신고 내역, 기존에 보유한 자산을 처분했다면 그 처분 내역, 대출을 받았다면 대출 내역 등을 준비해야 한다.

사전에 부모에게서 현금 등 증여를 받았으면 신고해놓는 것이 필요하다. 5,000만 원의 증여재산공제 범위 내로 증여받으면 납부할 증여세가 없다고 신고를 안 하는 경우도 많다. 하지만 납부할 세금이 없더라도 증여세 신고를 해놓아야 미리 자금출처의 근거를 확보할 수 있다.

평소 소득을 성실히 신고하는 것도 필요하다. 때로는 자금출처 조사과정에서 사업소득의 매출누락이 적발되어 많은 가산세가 나오기도 한다. 이렇듯 개인 부동산 취득으로 사업까지 영향을 받을 수 있다. 또한 재산처분 시 받은 대금이 입증되어야 한다. 처분대금이 제3자에게 갔다든지 처분한 금액보다 더 많은 대가를 받았다면 거래를 의심받을 수 있는 상황이다.

가족 간의 금전대여 인정받을 수 있을까?

　부모가 부동산을 자식에게 물려주기 위해 저가양도를 하기도 한다. 이렇게 저가양도하면 자식은 양도대금을 부모에게 반드시 지불해야 한다. 그렇지 않으면 양도가 아닌 증여로 보아 증여세가 부과된다. 양도대가는 자식이 모은 재산이나 대출을 받아서 지불할 수도 있다. 만약 자식이 소득이나 모아둔 재산이 없다면 양도대가나 대출금 상환에 대한 자금출처를 소명할 수 없게 된다. 이렇게 저가양도한 경우 대가를 실제 지급하지 않고 부모가 자식에게 돈을 빌려준 것으로 처리하면 인정받을 수 있을까?

　부모와 부동산을 매매 했을 때 자금이 부족해서 돈을 빌리더라도 양도대가는 지급하는 것이 필요하다. 서류상으로만 매매형식을 갖춘다면 증여로 추정될 수 있기 때문이다. 돈을 빌리는 대상이 금융기관일 수도 있고 부모일 수도 있다. 하지만 부모와 자식 간의 차용거래는 원칙적으로 증여로 추정한다. 따라서 차용증만 작성해 놓으면 증여로 보아 세금이 부과될 확률이 높다. 보다 안전하게 준비하기 위해서는 우선 차용증을 잘 작성하여 공증받는 것이 좋다.

　차용증에는 원금, 이자율, 상환시기 등을 구체적으로 명시해야 한다. 그리고 그 이자지급에 대해 세무서에 신고를 하는 것이 필요하다. 실제 이자지급 없이 서류만으로 꾸며 놓으면 인정받지 못할 수 있다. 따라서 차용증에 맞는 은행거래 내역과 이자소득 원천징수영수증을 준비하는 것이 필요하다. 과세관청에서 가족 간 금전대여에 대해서 사후관리도 하니 주의해야 한다. 차용증 상환기간에 실제로 상환했는지 상환자금은 또 어떻게 마련했는지 소명요청을 받을 수 있다. 따라서 자금출처를 미리 준비하는 것이 필요하다.

세법상 법정이자율은 4.6%다. 차용증 작성 시 이 이자율보다 더 낮게 설정하는 것도 가능하다. 세법상 약 2억 1,700만 원 이하 금액은 무이자로 빌려줘도 금전무상대출에 따른 이익이 1년에 1,000만 원을 넘지 않기에 증여세는 발생하지 않는다. 하지만 가족 간 금전대여는 증여로 의심받기 쉬운 항목이니 가급적 법정이자를 주고받는 것이 좋다.

실제로 가족 간에 돈을 빌려서 몇 년 후에 돌려줬는데 당초 차용증을 작성하지 않았다면 위험할 수도 있다. 처음의 차용과 자금의 상환을 각각 별개 증여로 볼 수도 있기 때문이다. 소명하지 못한다면 세금을 이중으로 내게 될 수도 있다. 따라서 차용증을 작성하고 통장에 이체내역을 기재하는 것이 필요하다.

차용증을 차용당시에 작성하지 않고 몇 년이 지나 자금출처조사가 나온 후에 소급하여 작성하는 경우도 있다. 하지만 이것도 주의해야 한다. 과세관청도 필요하다면 외부 전문기관에 의뢰해 서류 작성시기를 추정할 수도 있다. 따라서 차용증은 해당 시기에 제대로 작성해 놓는 것이 좋다.

상속세, 증여세 절세 노하우 10가지

　우리 세법은 허점을 이용하여 세금을 줄이려는 사람들과 그것을 막으려는 과세관청과의 오랜 공방전의 결과다. 사실 남들이 모르는 획기적인 절세방법이 있는 것은 아니다. 모든 세금은 합법적인 범위 내에서 절세해야 한다. 불법적인 탈세를 하면 당장은 세금은 줄일 수 있으나 결국 가산세가 더해져 더 큰 세금으로 돌아오기 마련이다. 장기적으로 보면 결코 현명한 방법이 아니다.

　상속세와 증여세는 더욱 그런 과정을 겪었다. 편법적인 방법으로 부의 대물림을 하려는 부자들을 막기 위해 세법규정은 보완되고 또 보완되어 왔다. 따라서 세법규정을 최대한 이해하고 나의 상황에 맞는 합법적 절세방법을 찾는 것이 필요하다. 그럼 상속세 및 증여세를 절세할 수 있는 몇 가지 방법을 소개해보겠다.

증여세 절세

10년 주기 증여

증여세를 줄이기 위해서는 증여재산공제를 잘 활용하는 것이 필요하다. 가족 중 누가 증여했는지에 따라 1,000만 원에서 6억 원까지 공제액이 정해진다. 이 증여재산공제는 10년 누적금액을 한도로 적용된다. 증여한 지 10년이 지나면 다시 증여재산공제 범위 내에서 세금 없이 증여할 수 있다. 세법에 밝은 사람들은 자식이 태어나서부터 증여를 시작하기도 한다.

태어나자마자 2,000만 원을 증여하면 증여세가 없다. 미성년자는 2,000만 원이 한도다. 그리고 11살이 되어서 또 2,000만 원을 증여하고 21살이 되는 해와 31살이 되는 해 각각 5,000만 원을 증여하면 된다. 그러면 31살까지 총 1억 4,000만 원을 세금 없이 증여할 수 있다. 만약 자식이 31살이 되어 1억 4,000만 원을 한꺼번에 증여하면 900만 원의 증여세가 나오게 된다. 이렇게 장기적인 증여 계획을 세워 세법규정을 활용하면 절세할 수 있다.

미리증여

부동산이나 주식과 같이 가치가 오르는 재산은 미리 증여하는 것이 좋다. 증여세는 증여당시의 시가로 과세하기 때문이다. 10년 전을 돌아보면 부동산 가격은 지금보다 훨씬 저렴했다. 부동산이 3억 원일 때 증여해 10년 후에 10억 원이 되더라도 증여세는 3억 원에 대해서만 납부하면 된다.

주식도 마찬가지다. 자식에게 현금을 증여하는 것보다 우량주식을 사서 미리 증여하는 것도 많이 하는 방법이다. 증여재산공제 범위 내에서 주식으로 증여한 후 미래의 가치상승을 노린다면 세금 없이 큰 재산을 형성해줄 수 있다. 하지만 부동산이나 주식이나 가격이 반드시 오른다는 보장은 없다. 따라서 투자자산을 증여할 때는 투자가치가 있는지 충분히 알아보아야 한다. 미래에 가격이 더 내린다고 이미 납부한 증여세를 돌려주지는 않는다.

혼인·출산 증여재산공제

일반적인 증여재산공제 한도는 배우자는 6억 원, 직계존비속은 5,000만 원이다. 2024년부터 혼인이나 출산 시에도 1억 원의 증여재산을 추가로 공제할 수 있게 세법이 바뀌었다. 혼인신고 전후 2년간, 자녀의 출산·입양일로부터 2년간 부모님으로부터 증여받으면 1억 원을 추가로 공제 받는다. 이 규정은 혼인, 출산을 장려하기 위해 신설된 규정이다.

성인 자녀는 기존 증여재산공제 5,000만 원과 합쳐서 1억 5,000만 원을 부모님으로부터 세금 없이 증여받을 수 있다. 결혼한 부부가 각자의 부모님으로부터 각각 증여받으면 총 3억 원을 세금 없이 증여받을 수 있다. 또 시부모와 며느리 그리고 처가 부모님과 사위는 기타친족 관계에 해당하기에 별도의 1,000만 원 공제를 적용받을 수 있다.

따라서 부모가 본인의 자식과 사위, 며느리에게도 각각 증여하면 한 부부가 총 3억 2,000만 원을 세금 없이 증여받을 수 있다. 다

혼인·출산증여재산공제 예시

사례	전체: 1억 원 한도				공제 가능여부
	혼인공제: 1억 원 한도		출산공제: 1억 원 한도		
	초혼	재혼	첫째	둘째	
1	-	-	7,000만 원	3,000만 원	가능
2	7,000만 원	3,000만 원	-	-	가능
3	7,000만 원	-	3,000만 원	-	가능
4	-	1억 원	-	-	가능
5	-	-	-	1억 원	가능

만 이 혼인·출산공제 1억 원은 10년간 합산하여 적용되는 것이 아니라 평생에 적용되는 금액이다. 혼인의 경우 재혼도 가능하지만, 결혼식만 올리고 혼인신고를 하지 않으면 적용되지 않는다. 또한 부모에게 증여받아야 하는 것이지 조부모에게 증여받는 경우에는 적용되지 않는다.

상속세 절세

단기재상속 및 세대생략 할증 고려

상속이 이루어지면 유언이 없는 경우에는 상속인들끼리 상속재산을 협의하여 나누게 된다. 이때 원만하게 협의하는 게 중요하다. 상속으로 자칫 가족 간의 다툼이 발생하는 경우도 많다. 재산을 얻는 것보다 가족의 사랑을 지키는 것이 더 가치 있다.

단기재상속에 대한 세액공제

$$전(前)의\ 상속세\ 산출세액 \times \frac{재상속분의\ 재산가액 \times \frac{전(前)의\ 상속세\ 과세가액}{전(前)의\ 상속재산가액}}{전(前)의\ 상속세\ 과세가액} \times 공제율$$

재상속기간	1년 내	2년 내	3년 내	4년 내	5년 내	6년 내	7년 내	8년 내	9년 내	10년 내
공제율(%)	100	90	80	70	60	50	40	30	20	10

절세 관점에서 본다면 상속인 중 피상속인의 배우자가 있는 경우 배우자에게 얼마나 상속하는 것이 세금을 줄일 수 있는지 따져보아야 한다. 배우자상속재산공제는 최소 5억 원에서 최대 30억 원까지 법정상속지분을 한도로 실제 상속받은 재산이 공제된다. 따라서 배우자가 법정상속지분 한도 내에서 상속을 많이 받으면 그만큼 상속세가 줄어든다.

그런데 배우자가 사망하면 다시 상속이 이루어져 자식들은 또 상속세를 내야 한다. 상속개시 후 10년 이내에 다시 상속이 이루어지면 이전에 납부한 상속세 일부를 공제해준다. 부모님이 오래 사시는 것이 좋지만 시간이 지날수록 단기재상속공제율은 계속 낮아진다. 따라서 각 상황을 시뮬레이션해보고 세금부담이 작은 방법을 선택해야 한다.

상속을 손자에게 하면 미리 부를 이전할 수 있기에 세금부담을

세대생략 증여 비교

	사례1	사례2
증여재산가액	10억 원	10억 원
증여재산공제	5,000만 원	5,000만 원
과세표준	9억 5,000만 원	9억 5,000만 원
산출세액	2억 2,500만 원	2억 9,250만 원
증여재산가액	7억 7,500만 원	0원
증여재산공제	5,000만 원	0원
과세표준	7억 2,500만 원	0원
산출세액	1억 5,750만 원	0원
세금부담 총합계	3억 8,250만 원	2억 9,250만 원

줄일 수 있다. 부모에게 재산을 상속받고 다시 증여세나 상속세를 낼 필요 없이 자녀에게 이전할 수 있기에 세금이 줄어든다. 그러나 손자에게 바로 상속하면 30~40%의 세대생략 할증이 붙는다. 이렇게 세대생략 할증이 발생하는 것은 상속뿐만 아니라 증여도 마찬가지다. 그럼 어떤 방법이 유리할까?

간편 계산을 위해 증여세로 예를 들어보겠다. 10억 원을 자식에게 증여한 후 그 자식이 다시 본인의 자식에게 증여한 경우(사례1)와 손자에게 바로 증여한 경우(사례2)를 가지고 비교해보겠다. 사례2는 30%의 세대생략 할증이 발생하지만 사례1은 두 번의 증여세가 발생하기에 결국 사례1의 부담세액이 더 커진다.

이 케이스에서는 세대를 건너뛰어 손자에게 바로 상속이나 증여하는 것이 유리하다. 하지만 모든 경우에 유리한 것은 아니다. 따라서 다양한 경우에 발생하는 세금을 잘 시뮬레이션해보는 것이 필요하다.

감정평가

부동산과 같은 상속재산은 상속개시 당시의 시가로 평가하게 되어 있다. 시가는 상속개시일 전후 6개월 이내의 매매가, 감정가, 경매가 등이 해당한다. 시가가 여러 개 있을 경우에는 상속일로부터 가장 가까운 날에 해당하는 가액으로 계산한다. 이렇게 시가를 적용할 때 때로는 감정평가를 받는 것이 세금부담을 줄이는 방법이 되기도 한다.

부동산의 경우 감정평가를 받으면 매매사례가보다 평가액이 낮은 경우도 많다. 감정평가는 2개의 감정기관에 평가를 받아야 인정된다. 다만 10억 원 이하인 경우에는 1곳에서만 감정평가 받아도 괜찮다. 감정평가를 받아서 상속재산가액을 낮추면 상속세는 줄어든다. 하지만 추후 해당 부동산을 양도할 때는 양도차익이 더 커지기에 양도소득세는 더 나오게 된다. 양도소득세 계산 시 감정평가액이 취득가액(=상속재산가액)이 되기 때문이다. 따라서 절세를 위해서는 상속세뿐만 아니라 양도소득세까지 고려하여 종합적으로 비교해야 한다.

사전증여

상속세 계산 시 상속개시일 전 10년 내 상속인에게 증여한 재산은 합산하여 계산된다. 상속세를 줄이기 위해서는 10년보다 오래전에 증여해서 합산되지 않도록 하는 것이 좋다. 하지만 언제 사망할지는 아무도 모르는 것이다. 따라서 건강할 때 미리미리 증여하는 것이 좋고 사전에 증여했다면 오랫동안 사는 것이 좋다. 그러기 위해서는 부모와 자식들 간에 사이가 좋아야 한다. 효도 안 하는 자식에게 사전증여를 해주고 싶지는 않을 것이다. 평소에 효도 잘하고 자식을 사랑하는 것이 세금을 줄이는 방법이다.

보험

자식은 부모님이 돌아가셨을 때 거액의 상속세를 납부할 여력이 되지 않을 수 있다. 미리 보험을 들어놓으면 상속세를 납부할 재원을 마련할 수 있다. 피상속인을 피보험자로 하여 자식들이 보험계약을 하고 자식들이 보험료를 납부해서 받은 사망보험금은 상속재산에 포함되지 않는다. 하지만 계약은 자식들이 했더라도 부모들이 우회적으로 보험료를 대신 납부했다면 상속재산에 포함되어 과세되니 주의해야 한다.

병원비공제

피상속인이 사망 전 아파서 병원비, 간병비를 지출해야 한다면 피상속인 카드로 지출하는 것이 좋다. 상속개시 당시 피상속인의 채무는 상속재산에서 공제된다. 따라서 피상속인 명의의 카드값 또는 병원비 채무는 상속세를 줄인다. 하지만 자식들이 병원비를 대신 내줬다면 상속재산에서 차감되지 않는다. 자식들이 병원비를 내주는 않는 것이 불효자 같아 보이지만 절세를 위해서는 냉정해져야 한다.

사업을 물려줄 때 절세

가업상속공제

피상속인이 10년 이상 운영하던 사업을 자식에게 물려줄 때 최대 600억 원까지 상속공제를 받을 수 있다. 이 가업상속공제는 원활한 가업승계를 지원하기 위한 제도다. 가업상속공제를 받기 위한 요건이 있다. 피상속인이 대표이사로 10년 이상 경영하던 기업이어야 하고 피상속인이 지분 40% 이상을 10년 이상 보유해야 한다. 상속인은 18세 이상으로 상속개시일 전 2년 이상 기업에 종사해야 한다.

또한 피상속인의 사망 후 임원으로 취임하고 2년 내 대표이사로 취임해야 한다. 가업상속공제를 받고 이후 5년간 사후관리 규정도 있다. 상속인이 가업에 종사하지 않거나 지분이 감소하면 의무를 위반하는 것이다. 또한 사업용자산을 40% 이상 처분하거나 근로자를 90% 이상 유지하지 않으면 기존에 공제받았던 상속세가 부과된다.

가업승계 증여세 과세특례

가업상속공제는 상속이 이루어진 후 적용되는 규정이다. 생전에 미리 가업승계를 준비한다면 가업승계 증여세 과세특례를 받을 수 있다. 가업주식을 자식에게 미리 증여한다면 10억 원을 공제하고 10%의 세율로 과세된다. 일반 증여세보다 저율로 과세되기에 세금을 줄일 수 있다. 미리 증여세를 저율로 납부했다가 상속이 개시되면 가업상속공제도 적용받을 수 있다.

　이 규정도 특례를 적용하기 위한 요건이 있다. 일단 증여자인 부모가 10년 이상 경영하던 기업이어야 한다. 자녀는 18세 이상이고, 증여일로부터 3년 내에 대표이사로 취임해야 한다. 또한 증여자는 60세 이상이고 40% 이상 지분을 10년 이상 보유해야 한다.

　과세특례를 적용하고 이후 5년간 사후 의무요건도 있다. 증여받은 자녀는 3년 내 대표이사로 취임하고 5년까지 대표이사를 유지해야 한다. 주업종을 변경하지 말아야 하고 대표자 지분이 감소하지 않아야 한다. 만약 이런 의무요건을 위반하면 증여세가 부과된다.

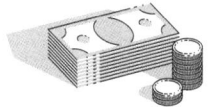

… 7장

사업자가 알아야 할 세금 상식

사업을 하면 꼭 알아야 하는 세금 3가지

　사업은 돈을 벌기 위한 수단이기도 하지만 자기 꿈을 좀 더 주체적으로 펼칠 수 있는 기회다. 사업을 한다는 것은 모든 것을 내가 만들어 가야 하는 것이다. 비즈니스모델에서부터 영업, 마케팅, 인사, 세무 등 신경 써야 할 부분이 수백 가지고 내가 모든 책임을 져야 한다. 그만큼 힘들지만 내 뜻대로 일할 수 있는 방법이다.

　사업을 해서 소득이 발생하면 세금이 따라온다. 우리나라의 25가지 세금 중 사업자가 알아야 세금은 3가지다. 바로 법인세, 소득세, 부가가치세다. 사업할 때 가장 먼저 결정해야 하는 부분이 '개인사업자로 할 것인가, 법인사업자로 할 것인가'다. 만약 법인사업자로 사업을 한다면 법인세법, 개인사업자로 한다면 소득세법을 잘 알아야 한다. 그리고 법인사업자든, 개인사업자든 모두 부가가치세를 납부할 의무가 있기에 부가가치세법도 잘 알아야 한다.

사업해서 힘들게 돈을 벌었는데 불필요하게 세금을 더 많이 내면 안 되지 않겠는가. 절세하기 위해서 사업자는 우선 이 3가지 세금을 잘 알아야 한다. 내 돈을 지키는 가장 기본이고 중요한 방법이다.

법인 소득에 대한 세금, 법인세

법인사업자가 벌어들인 소득에 대해서는 법인세를 납부할 의무가 발생한다. 같은 소득이지만 법인세법에서 의미하는 소득은 소득세법에서 의미하는 소득과 차이가 있다. 소득세법의 소득은 열거주의로 세법에 규정된 소득만을 과세대상으로 한다. 하지만 법인세법의 소득은 포괄주의로 순자산을 증가시키는 모든 거래를 과세대상으로 한다. 따라서 법인사업자에게는 개인과 달리 상장주식의 양도로 발생한 소득에도 모두 법인세가 과세된다.

법인사업자는 사업기간 동안 발생한 소득에 대해 법인세를 계산하여 사업기간 종료 후 3개월 내 신고해야 한다. 일반적으로 회계기간은 1월에서 12월까지이니 다음 해 3월 말까지가 법인세 신고기한이 된다. 하지만 모든 법인이 그런 것은 아니다. 사업기간은 정관으로 정할 수 있다. 예를 들어, 6월 말 결산법인은 9월 말까지 법인세를 신고해야 한다.

법인세 과세대상이 되는 소득은 세무조정이란 과정을 거쳐 구한다. 세법상 소득을 구하려면 회계상 이익에서부터 출발해야 한다. 회계와 세법은 목적이 달라서 수익과 비용을 인식하는 기준이 다르다. 세무조정을 통해 회계상 이익을 세법상 소득으로 변환해야 한다.

용어가 좀 어려울 수 있다. 회계에서는 '수익', '비용', '이익'이라는 용어를 사용하는데 법인세법에는 '익금', '손금', '소득'이라는 용어를 사용한다. 용어는 다르지만 그 의미는 비슷하다. 회계상 '수익'은 세법에서는 익금, 회계상 '비용'은 세법에서는 손금에 대응되는 용어다.

기업회계는 이해관계자들에게 회계정보를 전달하는 것이 목적이다. 하지만 세무회계는 세금을 잘 부과하기 위함이 목적이니 기업회계와 기준을 다르게 가져가는 부분도 많이 있다. 따라서 기업회계와 세무회계 간의 차이를 익금산입, 손금불산입 등의 세무조정을 통해 조정해야 한다. 이렇게 세무조정을 통해 나온 세법상 소득을 각사업연도소득이라고 한다.

법인세 계산구조를 간단히 보겠다. 각사업연도소득에서 이월결손금을 차감하면 과세표준을 구할 수 있다. 이 과세표준에 법인세율을 곱하여 법인세 산출세액이 계산되고 여기서 세액공제, 세액감면을 차감하여 실제 부담할 법인세가 계산된다. 만약 중간예납 등으로 미리 납부한 세금이 있다면 기납부세액을 차감하여 실제 납부할 세금이 나오게 된다.

법인으로 사업해서 소득이 발생해야 납부할 법인세가 나오게 된다. 사업을 해서 손실이 발생했다면, 즉 수익보다 비용이 크다면 납부할 법인세가 없다. 하지만 이때도 법인세를 신고해야 한다. 만

법인세 계산구조

```
      수익
  ⊖  비용
  ─────────────────
  =  당기순이익
  ±  세무조정
  ─────────────────
  =  각사업연도소득금액
  ⊖  이월결손금, 비과세, 소득공제
  ─────────────────
  =  과세표준
  ⊗  세율
  ─────────────────
  =  산출세액
  ⊖  공제, 감면세액
  ⊕  가산세
  ─────────────────
  =  총부담세액
  ⊖  기납부세액
  ─────────────────
  =  차감납부세액
```

야 손실인 경우에 법인세 신고를 하지 않으면 무신고 가산세를 납부해야 한다. 따라서 납부할 법인세가 없다고 신고의무를 게을리해서는 안 된다. 이런 세법상 결손금은 15년간 이월되어 미래의 세금을 줄이게 된다. 사업 초기에는 손실인 경우가 많다. 손실이어도 비용을 잘 반영하여 신고해야 추후 소득이 발생했을 때 결손금을 활용하여 절세할 수 있다.

개인사업자 소득에 대한 세금, 소득세

앞에서 보았듯 개인사업자의 소득은 소득세법이 적용되며 6가지 종합소득 중 사업소득에 해당한다. 개인사업자 소득 역시 세무조정을 통해서 계산된다. 소득세 계산구조는 이미 살펴보았으니 여기서는 자세히 설명하지 않겠다. 종합소득에 소득공제를 차감한 과세표준에서 6~45%의 소득세율을 곱하여 산출세액이 계산된다. 이 산출세액에서 세액공제, 세액감면을 차감하면 부담할 세금이 결정된다. 법인사업자와 계산구조는 비슷하다.

법인사업자의 과세기간은 각 회사의 정관에 따라 다를 수 있으나 소득세법의 과세기간은 무조건 1월에서 12월까지다. 모든 개인사업자는 이 기간 동안 발생한 소득에 대해 종합소득세 신고기간인 다음 해 5월 말까지 신고해야 한다.

개인사업자는 기장의무에 따라 복식부기의무자와 간편장부대상자로 나뉜다. 복식부기란 거래를 차변, 대변으로 구분 인식하여 장부를 작성하는 것이다. 쉽게 재무상태표와 손익계산서 등의 재무제표를 작성하는 것으로 이해하면 된다. 법인사업자는 복식부기로 재무제표를 작성하여 법인세를 신고해야 하지만 영세한 개인사업자는 복식부기로 재무제표를 작성할 여력이 되지 않을 수도 있다. 따라서 업종별로 일정 수입금액 기준 미만인 영세한 사업자는 재무제표 작성 없이 간편하게 장부를 작성하여 신고해도 된다. 이를 간편장부대상자라고 한다.

업종별 수입금액 크기에 따라 복식부기의무자와 간편장부대상자로 나뉘게 된다. 이 수입금액은 직전년도 기준으로 판단한다. 수입금액은 매출로 이해하면 쉽지만 완전히 같지는 않다. 본래의 매출에 영업외수익, 잡이익도 포함한 개념이다. 잡이익에는 정부보조금, 유형자산 양도가액, 채무면제이익 등이 포함된다.

사업초기에 매출이 크지 않으면 간편장부대상자가 된다. 간편장부대상자가 되면 재무제표 작성이 필요 없고 사업의 매출과 경비를 잘 정리하여 신고하면 된다. 매출이 커져서 복식부기의무자가 되면 재무제표를 작성해야 한다. 만약 복식부기의무자가 간편장부로 신고하면 가산세가 부과되니 본인의 기장의무를 잘 판단해야 한다.

본인의 기장의무는 수입금액으로 스스로 판단할 수도 있지만, 종합소득세신고 안내문에 표시되어 나오니 자료를 확인하면 된다. 만약 간편장부대상자가 복식부기로 신고하면 혜택도 있다. 100만 원 한도로 기장세액공제를 받을 수 있다. 따라서 간편장부대상자라도 복식부기로 신고하는 것이 절세하는 방법이다.

성실신고확인은 사업의 규모가 커졌으니 장부를 성실히 작성하였는지 세무사에게 확인받아서 신고하라는 것이다. 개인사업자의 업종별 수입금액이 일정 금액 이상이 되면 성실신고확인대상자가 된다. 이때는 기장의무 판단과 다르게 당해연도 수입금액 기준으로 판단한다. 따라서 성실신고확인 대상자가 되면 종합소득세신고 시 첨부해야 하는 서류가 늘어난다.

만약 성실신고확인 의무를 위반하면 가산세가 부과되고 세무조사 대상이 될 수 있다. 채찍을 줬으니 당근도 같이 따라온다. 성실신고확인 대상자에게는 신고기한을 5월 말에서 6월 말까지로 1개월 연장해주고 성실신고확인 비용에 대해 60%의 세액공제도 해준다. 또한 일반 개인사업자가 받지 못하는 의료비, 교육비세액공제도 받을 수 있다. 하지만 성실신고확인 대상자가 되면 신고가 더욱 번거롭기도 하고 규모가 커졌기에 세금부담도 많이 가중된다. 그래서 일반 개인사업자들은 성실신고확인 대상자가 되기 전에 법인전환을 많이 한다.

사업자가 창출한 부가가치에 대한 세금, 부가가치세

법인사업자이든 개인사업자이든 사업자가 창출한 부가가치에 대해서 부가가치세가 과세된다. 사업자가 창출한 부가가치는 무엇일까? 예를 들어, 사업자가 50만 원의 물품을 사와서 가공 후 100만 원에 판다면 50만 원어치의 부가가치를 새롭게 창출한 것이 된다. 사업자가 창출한 이 50만 원의 부가가치에 대해 부가가치세가 과세된다. 우리나라 부가가치세율은 10% 단일세율이 적용된다. 과세대상의 크기가 아무리 커도 무조건 10%가 적용된다.

부가가치세는 상품과 서비스의 가격에 포함되어 있기에 실제 세금의 부담자는 사업자가 아닌 최종소비자다. 하지만 부가가치세 신고, 납부 의무는 사업자에게 있다. 사업자는 소비자에게 부가가치세를 미리 받아 놓은 후 세무서에 납부하는 역할을 한다. 이렇게 세금의 실제부담자와 납부의무자가 다른 세금을 간접세라고 한다. 사업자가 납부할 부가가치세의 계산은 세법상 매출세액에서 매입

부가가치세 계산구조

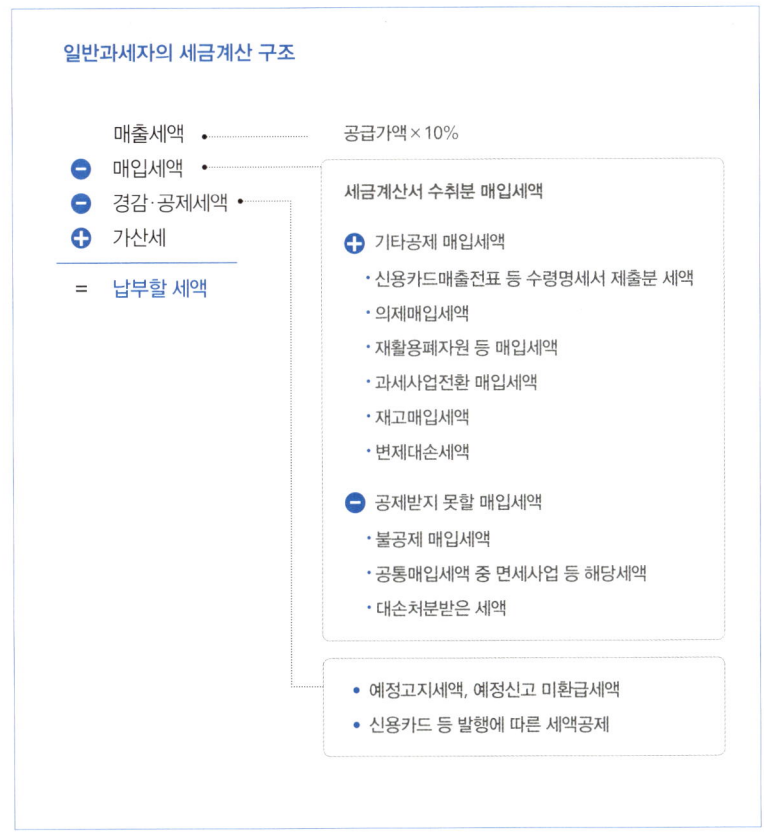

세액을 차감하여 계산하게 된다.

앞의 예에서 사업자가 50만 원의 부가가치를 창출했으면 10%의 세율이 적용되어 5만 원의 부가가치세가 과세된다. 실제로는 판매금액 100만 원의 10%인 10만 원(매출세액)에서 구매금액 50만 원의 10%인 5만 원(매입세액)을 차감하여 납부할 부가가치세 5만 원이 계산된다.

부가가치세 신고기간

과세기간	과세대상기간		신고납부기간	신고대상자
제1기 1.1.~6.30.	예정신고	1.1.~3.31.	4.1.~4.25.	법인사업자
	확정신고	4.1.~6.30.	7.1.~7.25.	법인사업자
		1.1.~6.30.	7.1.~7.25.	개인 일반사업자
제2기 7.1.~12.31.	예정신고	7.1.~9.30.	10.1.~10.25.	법인사업자
	확정신고	10.1.~12.31.	다음 해 1.1.~1.25.	법인사업자
		7.1.~12.31.	다음 해 1.1.~1.25.	개인 일반사업자

　부가가치세의 과세기간은 1~6월과 7~12월로 6개월 단위다. 법인사업자는 하나의 과세기간에 2번씩 신고할 의무가 있다. 따라서 1년에 총 4번의 신고를 하게 된다. 1월, 7월은 확정신고를 해야 하고 4월, 10월은 예정신고를 해야 한다. 하지만 직전 과세기간 매출 1억 5,000만 원 미만인 소규모 법인과 개인사업자는 1월과 7월에만 확정 부가가치세를 신고하고 4월, 10월은 예정고지된 세액을 납부만 하면 된다.

　사업자가 판매하는 대부분의 상품과 서비스에는 10%의 부가가치세가 과세된다. 하지만 0%의 세율이 적용되는 경우도 있다. 이것을 영세율이라고 한다. 수출을 하거나 외화획득 용역을 제공하는 경우에는 0%의 세율이 적용된다. 이 경우에는 매출에 대해 납부할 부가가치세는 없게 되고 매입에 대한 부가가치세 환급이 발생한다. 소비지국과세원칙에 의해 국내에서 부가가치세를 과세하지 않기 때문이다.

부가가치세를 면세하는 경우도 있다. 영세율과 면세는 다른 제도다. 금융서비스, 토지, 농수산물, 기저귀와 같이 세법에 열거된 물품과 서비스에는 부가가치세를 면제한다. 부가가치를 창출하기 위한 토지, 노동, 자본 같은 기본적인 생산요소에 부가가치세를 면제해준다. 또한 생필품에 면세를 적용하여 소비자 부담을 경감시켜주고 있다. 이런 면세사업을 운영하는 사업자는 매출에 대한 부가가치세도 내지 않지만 매입에 대한 부가가치세도 공제받지 못한다. 따라서 매입이 아무리 많아도 부가가치세 환급을 받지 못한다.

아직도 소규모 사업장에서는 '현금결제 시 10% 할인'이란 문구를 붙여 놓은 곳도 있다. 현금결제를 유도하여 매출을 누락하겠다는 의도가 숨어 있다. 세법에 이를 막기 위한 몇 가지 규정이 있다. 개인사업자 중 일반소비자를 대상으로 하는 사업자는 신용카드, 현금영수증 등 매출에 대해 신용카드매출전표 발행세액공제를 받을 수 있다. 신용카드 등의 매출에 대해 1.3%의 부가가치세 공제가 가능하다. 사업자의 신용카드, 현금영수증 결제를 유도하여 현금매출 누락을 방지하고 부가가치세 탈세하는 것을 막기 위함이다. 직장인들 연말정산 시 신용카드 소득공제를 적용해주는 것도 동일하게 사업자의 현금매출 누락을 막는 것이 목적이다. 이런 제도 시행을 통해 과거에 비해 사업자들의 매출이 많이 양성화됐다.

개인사업자 vs 법인사업자 무엇이 유리할까?

> 직장인이었던 나상식 씨는 퇴사 후 사업하기로 마음먹었다. 개업하면 빨리 성공할 수 있을 거라는 기대도 되지만, 과연 계획대로 잘될까라는 걱정이 든다. 머릿속이 상당히 복잡하다. 부푼 꿈을 안고 사업을 해보기로 마음먹었다면 이제 뭐부터 해야 할까?

사업이 처음이라 뭐부터 해야 할지 막막할 수 있다. 사업 아이템도 정하고 사업장 위치, 상호도 정해야 한다. 사업을 시작하면 세무적으로 가장 먼저 해야 할 것이 바로 사업자등록이다. 이때 결정해야 할 부분이 법인사업자로 할지 개인사업자로 할지다. 둘 다 사업을 하는 것은 동일하지만 각 사업형태에 따라 적용되는 세법이 다르고 운영방식도 달라진다. 따라서 신중하게 선택해야 한다.

어느 방법이 더 좋다기보다 각 형태의 차이점을 이해하고 나에게 맞는 방법이 무엇인지 확인해보아야 한다. 또한 그 차이점을 이해해야 불필요하게 세금을 더 내지 않고 절세도 할 수 있다.

개인사업자와 법인사업자의 차이점

개인사업자와 법인사업자는 사업을 하는 주체가 누구냐에 따라 많은 것이 달라진다. 개인사업자는 창업자 개인이 주체가 되어 돈을 벌고 개인이 세금을 내게 된다. 하지만 법인사업자는 별도의 법인을 설립하여 법인이 주체가 되어 사업을 하게 된다. 따라서 법인이 돈을 벌고 법인이 세금을 낸다. 법인이라는 별도의 실체를 만들기 위해서는 상법에 따라 설립등기를 해야 한다. 등기가 완료되면 법인도 주민등록번호와 같은 법인등록번호가 나오게 되고 이를 바탕으로 사업자등록을 할 수 있게 된다. 법인사업자의 주체는 법인이기에 대표자가 바뀌어도 법인사업자는 그대로 유지되지만, 개인사업체는 대표자가 바뀌면 기존 개인사업자는 폐업하게 된다.

자금인출방법도 다르다. 개인사업자가 벌어들인 돈은 소득세가 부과되고 개인사업자 귀속이 되기에 자유롭게 인출할 수 있다. 하지만 법인사업자가 벌어들인 돈은 법인세가 부과되고 법인 귀속이 된다. 법인 대표자는 법인에 소속되어 법인을 위해 일하는 근로자다. 따라서 대표자는 법인으로부터 급여를 받아 근로소득세를 부담하고 자금을 인출해갈 수 있다. 또 주주로서 배당을 받아 배당소득세를 부담하고 법인자금을 개인화할 수 있다.

법인사업자와 개인사업자의 비교

구분	법인사업자	개인사업자
사업주체	법인	대표자 개인
대표자 변경 시	법인사업자 존속	개인사업자 폐업
적용 세법	법인세	소득세
적용 세율	9~24%	6~45%
설립절차	설립등기 후 사업자등록	설립등기 없이 사업자등록
운영의 용이성	상법상 규정을 준수해야 함	상법 적용받지 않음
자금인출	대표자 급여, 배당 신고 후 인출	용이함
투자유치	용이함	투자 전 법인 전환 필요
기타	대외적 신뢰도 높은 편	의사결정 신속성 높은 편

만약 법인 대표자가 급여나 배당으로 신고하지 않고 법인 돈을 개인용도로 인출하면 가지급금으로 처리가 된다. 가지급금으로 처리되면 세법상 불이익이 많다. 세금도 더 나오게 되고 횡령으로 법적 문제가 발생할 수도 있다. 따라서 대표자는 반드시 급여나 배당으로 신고하고 법인자금을 개인화해야 한다.

또 다른 차이는 상법적용의 여부다. 법인은 상법에 따라 법인을 설립하여 운영해야 하기에 각종 상법규정을 따라야 한다. 주요 의사결정을 할 때는 주주총회나 이사회결의를 통해 진행해야 한다. 하지만 개인사업자는 이런 절차가 필요 없기에 운영이 간편하고 의사결정의 신속성이 높다.

투자유치를 계획한다면 법인사업자의 형태로 운영해야 한다.

법인은 상법에 따라 주식을 발행할 수 있기 때문이다. 또 일반적으로 법인사업자는 개인사업자에 비해 대외적 신뢰도가 높은 편이다. 따라서 영업을 하거나 수주를 위한 입찰을 할 때 법인사업자가 개인사업자보다 유리할 수 있다. 이런 여러 가지 차이점을 충분히 고려하여 나에게 맞는 사업자 형태를 선택하면 된다.

개인사업자와 법인사업자의 큰 세율 차이

이렇듯 여러 가지 차이점이 있지만 절세측면에서 고려할 점은 적용되는 세법이 다르고 그에 따라 적용되는 세율이 달라진다는 점이다. 2025년 기준 법인세율은 9~24%이지만 소득세율은 6~45%다. 세율만 놓고 비교해보면 법인사업자가 세율이 낮기에 유리하다. 하지만 법인 대표자가 법인자금을 인출할 때는 급여나 배당으로 신고 후 인출해야 한다. 이때도 개인소득세를 내야 한다. 그러면 법인사업자는 법인세도 내고 개인소득세도 내야 하니 더 불리한 게 아닌지 생각할 수 있다. 하지만 꼭 그런 것은 아니다.

법인사업자는 자금인출 전략을 세울 수 있다는 것이 장점이다. 예를 들어, 만약 개인사업자로 사업해 1년에 순이익 5억 원을 벌었다면 그해에 모두 과세되어 40%의 세율이 적용된다. 단순하게 계산해보면 1억 7,406만 원의 소득세가 과세된다. 만약 법인사업자로 5억 원을 벌어서 그해 대표자가 5억 원의 급여를 받으면 세금은 줄어든다. 대표자 급여가 비용처리되기에 실제 법인세는 발생하지 않고 대표자 근로소득세만 발생한다. 여기서 대표자 근로소득공제

개인사업자, 법인사업자 세금 비교

구분	개인사업자 소득 5억 원	법인사업자 소득 5억 원 + 대표자 1년간 급여 5억 원 처리	법인사업자 소득 5억 원 + 대표자 3년간 급여 5억 원 처리
소득	5억 원	5억 원	5억 원
소득세, 법인세	1억 7,405만 원	7,500만 원	7,500만 원
1차년도 소득세	-	1억 5,587만 5,950원	3,299만 9,530원
2차년도 소득세	-	-	3,299만 9,530원
3차년도 소득세	-	-	3,299만 9,530원
급여로 줄어드는 법인세	-	7,500만 원	7,500만 원
실제 부담하는 세금 합계	1억 7,405만 원	1억 5,587만 5,950원	9,899만 8,590원

와 근로소득 세액공제가 적용되기에 개인사업자보다 납부하는 세금이 조금 줄어들게 된다.

 만약 대표자가 수년에 걸쳐 나누어서 자금을 인출한다면 적용되는 세율은 낮아지고 세금은 더욱 줄어들게 된다. 예를 들어, 5억 원에 대해 대표자 급여를 3년에 나누어 1억 6,666만 6,667원씩 인출한다면 더 낮은 세율이 적용되어 실제 납부하는 근로소득세는 매년 3,299만 9,530원 정도다. 3년간 부담하는 대표자 총 소득세는 9,899만 8,590원이 된다. 대표자 급여 5억 원을 3년간 나누어 비용 처리하더라도 법인세가 줄어드는 효과가 매년 발생한다. 실제로 법인소득 5억 원에 대한 법인세는 없고 대표자 근로소득세만 납부하면 된다. 만약 대표자 급여뿐 아니라 배당을 받아 가는 전략도 같이 사용한다면 부담하는 세금을 더 줄일 수 있다.

개인사업자 법인전환을 할 수도 있다

신속하게 사업을 시작하거나 사업 아이템을 테스트해 보는 단계라면 개인사업자로 시작해도 좋다. 법인등기가 필요 없고 의사결정의 신속성이 높기 때문이다. 그렇게 개인사업자를 운영하다 사업의 규모가 커지거나 투자유치의 기회가 생긴다면 그때 법인으로 전환해도 좋다.

여러 가지 이유로 개인사업자로 이미 시작했다면 법인사업자로 전환할 수도 있다. 법인전환은 일반적으로 개인사업자가 운영하던 사업을 법인에게 '포괄양수도'하는 형태로 진행된다. 포괄양수도는 사업의 동일성을 유지하며 개인사업자의 모든 자산, 부채, 종업원, 권리와 의무 등을 법인으로 넘기는 것을 말한다.

만약 개인사업자가 부동산을 보유하고 있다면 조세특례제한법의 '세감면 포괄양수도'나 '현물출자'의 방법으로 법인전환하여 양도소득세 이월과세와 취득세 감면의 혜택을 볼 수도 있다. 하지만 세감면 포괄양수도나 현물출자 방식은 혜택이 큰 만큼 절차와 요건이 까다롭다. 만약 개인사업자가 보유한 부동산이 없다면 일반 포괄양수도 방식으로 진행하게 된다.

사업의 양도는 원칙적으로 부가가치세 과세대상이지만 포괄양수도는 부가가치세가 과세되지 않는다. 법인사업자가 부가가치세를 부담했다가 다시 그대로 환급받기 때문에 세금부과의 실익이 없고 법인자금의 유동성만 악화되기 때문이다.

포괄양수도하는 과정에서 개인사업자는 영업권을 감정평가받아 법인에서 대가를 받을 수 있다. 영업권은 사업을 하면서 축적한 무형의 가치를 말한다. 이런 영업권은 소득세법상 기타소득에 해당하며 세법에서 60%의 경비를 무조건 인정해준다. 따라서 영업권의 40%에 대해서만 소득세가 과세되기에 비교적 낮은 세율로 법인자금을 인출할 수 있는 기회가 되기도 한다.

사업을 시작하면 처음 해야 할 일, 사업자등록

이렇게 개인사업자로 할지 법인사업자로 할지 결정했다면 본격적으로 사업을 시작하기 전에 사업자등록을 신청해야 한다. 사업자등록은 세법에 따라 사업자번호를 부여받는 과정이다. 사업자등록을 신청하기 위해서는 가까운 세무서에 방문해도 되고 홈택스 사이트에 접속하여 신청해도 된다.

발급비용은 별도로 발생하지 않고 신청 후 발급되기까지는 1~3일 정도 걸린다. 필요서류로는 사업자등록신청서, 임대차계약서, 인허가 필요한 업종은 인허가증 등이 있다. 법인사업자는 사업자등록을 신청하기 전에 법인 설립등기를 완료해야 한다. 따라서 법인사업자는 개인사업자보다 제출할 서류가 많다. 법인등기부등본, 정관, 주주명부, 인감증명서 등을 추가로 제출해야 한다.

사업자등록 신청 시 상호와 영위하려는 업종을 설정해야 한다.

업종은 주업종과 부업종을 등록할 수 있다. 여기서 주업종은 매출이 가장 많이 발생될 주된 업종을 말한다. 이 주업종, 부업종이 사업자등록증에 표시된다.

사업자등록 시 일반적으로 과세사업자로 등록하지만 면세업종을 영위한다면 면세사업자로 사업자등록을 하게 된다. 예를 들어, 학원이나 병원, 농수산물 도소매업은 면세사업자로 등록하게 된다. 또한 사업자등록 시 개인사업자는 일반과세자와 간이과세자를 선택할 수도 있다. 둘 다 과세사업자지만 부가가치세 계산방식이 좀 다르다.

모르면 손해인
사업자 절세 노하우

> 사업을 시작한 나상식 씨는 세금을 낼 때마다 억울하다. 열심히 돈을 벌어도 임차료 내고 직원들 월급 주고 공과금 내면 남는 게 없는데 세금은 매번 왜 이렇게 많이 나오는 걸까? 잘 계산한 게 맞는지 세법이 원래 이런 건지 의문이 든다. 계속 버티면 되는 건지 사업을 접어야 하는 건지 고민이 많다.

사업하는 사람들이 가장 궁금해 하는 것이 '어떻게 돈을 벌 수 있는가' 그리고 '어떻게 돈을 지킬 것인가'다. 절세는 돈을 지키는 가장 대표적인 방법이다. 과연 어떻게 하면 절세할 수 있을까? 탈세를 하면 당장은 세금을 줄일 수 있으나 결국 더 큰 가산세가 나오게 되니 현명하게 내 돈을 지키는 방법이 아니다. 따라서 세법규정을 최대한 이해하고 합법적인 범위에서 절세를 해야 한다.

우선 앞서 법인세, 소득세 계산구조에서 보았듯이 절세를 위해서는 과세대상이 되는 소득이 적어야 한다. 세금을 줄이기 위해 일부러 매출을 줄이는 것은 어리석은 짓이다. 매출이 많다는 것은 그만큼 사업이 잘된다는 것이다. 따라서 매출은 증대시키되 사업에 사용한 비용을 최대한 많이 반영해야 소득이 줄어들게 된다.

세금 계산구조상 산출된 세액에서 세액공제, 세액감면을 차감하여 납부할 세금이 결정되니 절세를 위해서는 적용가능한 세액공제, 세액감면을 최대한 많이 적용해야 한다. 또 가산세가 발생하면 납부할 세금이 늘어난다. 따라서 불필요한 가산세가 발생하지 않도록 해야 한다. 결국 절세방법은 비용을 최대한 반영하면서, 세액공제와 세액감면을 잘 적용하고 가산세를 줄이는 것으로 요약할 수 있다.

비용을 최대한 반영하는 것이 우선

세금은 발생한 소득에 부과된다. 사업자의 소득은 매출에서 비용을 차감하여 계산되니 관련 비용을 최대한 많이 반영해야 세금이 줄어든다. 그렇다고 세금을 줄이기 위해 불필요한 비용을 많이 지출하는 것도 어리석은 일이다. 사업상 필요에 의해 지출한 비용이 있다면 놓치지 말고 잘 반영하는 것이 중요하다.

그러기 위해서는 관련 증빙이 필수다. 세금계산서, 계산서, 신용카드영수증, 현금영수증, 원천징수영수증이 기본적으로 세법에서 인정되는 증빙이다. 그 외의 증빙을 받으면 원칙적으로는 세법상 비용으로 인정해주지 않는다. 사업을 위해 비용을 지출했는데 증빙이 없어 세금을 더 내게 된다면 억울한 일이다. 따라서 증빙관리를 잘하는 것은 사업의 가장 기본이다.

증빙관리를 잘한다는 것은 모든 실물 영수증을 모아두는 것이 아니다. 전자적으로 조회되는 전자세금계산서와 사업용 카드영수증 등은 굳이 실물 종이로 모아두지 않아도 괜찮다. 대금을 지불하면 상대방으로부터 세금계산서나 현금영수증 같은 증빙을 발급받아야 한다는 의미다.

3만 원 이하 소액을 지출한 경우에는 적격증빙이 아닌 간이영수증을 받아도 정당하게 비용처리할 수 있다. 만약 수취한 증빙이 적격증빙이 아니라면 가산세를 내고 비용으로 처리할 수도 있다. 가산세를 내고서라도 비용으로 처리하는 게 세금을 더 줄이는 방법이 되기도 한다.

거래특성상 적격증빙을 발급받을 수 없는 경우도 있다. 예를 들어, 이자나 보험료를 지출했거나 개인에게서 중고물건을 구매했다면 세금계산서 같은 적격증빙을 받을 수 없다. 그럴 때는 사업자가 잘못한 것이 아니기 때문에 관련 계약서 및 이체내역을 준비하면 가산세 없이 정당하게 비용으로 처리할 수 있다. 절세를 위해서는 비용 계정과목에 대한 이해도를 높이는 것이 필요하다.

세법상 비용지출의 한도가 있는 계정과목이 있다. 업무추진비와 차량유지비가 대표적인 예다. 업무추진비는 과거 접대비로 불렸으나 세법이 개정되어 2024년부터 명칭이 변경됐다. 거래처와

식사를 하거나 술을 마시거나 골프를 치거나 선물을 사주면 다 업무추진비에 해당한다. 업무추진비 한도는 중소기업의 경우 기본한도 3,600만 원에 매출액에 따른 추가 한도가 더해진다. 단순하게 업무추진비 한도는 3,600만 원 정도라고 이해하면 쉽다. 이 한도를 초과하여 사용한 경우에는 세법상 비용으로 인정되지 않으니 주의해야 한다.

차량유지비는 운행기록부를 작성하지 않으면 1년에 1,500만 원의 한도가 있다. 1,500만 원 안에는 감가상각비 한도 800만 원이 포함되어 있다. 만약 비싼 차를 탄다면 이 한도를 초과할 것이고, 한도를 초과한 차량 관련 지출은 세법상 비용으로 인정받지 못한다. 만약 운행기록부를 작성하면 1,500만 원 한도를 적용받는 것이 아니라 업무사용 비율만큼 비용으로 인정된다. 이 차량유지비 규정은 모든 법인사업자에게 적용되나 개인사업자는 복식부기의무자만 적용대상이 된다. 개인사업자 중 간편장부대상자는 차량유지비 한도가 없으니 사업에 사용했다면 모두 비용처리 가능하다.

인건비는 비용 중 큰 비중을 차지하는 항목이다. 만약 사업상 인건비를 지급했다면 반드시 원천세를 신고하고 납부해야 한다. 원천세를 신고하지 않으면 정당하게 비용으로 처리할 수 없다. 간혹 직원들이 세금과 4대보험을 내기 싫다고 인건비 신고를 원치 않는 경우가 있다. 하지만 사업자 입장에서는 인건비 신고하지 않으면 세금이 더 많이 나오니 반드시 신고하는 것이 좋다.

직원이 퇴사하여 지급한 퇴직금은 퇴사한 시점에 비용처리된다. 만약 직원이 수년간 근무하면 퇴직금을 지급해야 할 의무인 부채는 매년 커지는데, 퇴사할 때까지 비용처리는 되지 않는다. 이때는 퇴직연금에 가입하여 불입하면 된다. 퇴직연금 불입액에 대해서 매년 비용처리 가능하기에 세금을 줄일 수 있다.

사업하다 지출한 가산세, 가산금, 과태료, 벌금 등은 세법상 비용으로 인정되지 않는다. 예를 들어, 주차위반을 하여 지출한 돈은 세법상 비용처리가 안 된다. 사업자가 의무를 위반하여 발생한 지출이니 이런 지출로 세금을 줄이는 것을 방지하려는 목적이다. 따라서 이런 지출이 발생하지 않도록 주의해야 한다.

세액공제, 세액감면으로 크게 절세할 수 있다

세법에는 정책적 목적으로 여러 가지 조세지원제도가 마련되어 있다. 이런 제도를 잘 활용하면 절세를 많이 할 수 있다. 사업자는 이런 조세지원제도를 잘 알고 챙겨야 절세를 할 수가 있다. 요건이 되더라도 신청하지 않으면 혜택을 받을 수 없기 때문이다.

세액공제와 세액감면 모두 세금을 줄여준다. 하지만 개념에는 차이가 있다. 세액감면은 산출된 세금의 일정 비율을 감면해준다. 하지만 세액공제는 산출세액이 얼마든 상관없이 세법에 정해진 일정액을 공제해준다. 예를 들면, 산출세액이 500만 원이 나왔고 10%를 세액감면을 받으면 50만 원의 세금을 절세할 수 있다. 세액공제는 비율로 공제하지 않는다. 산출세액이 500만 원인데 세액공제가 100만 원으로 계산되면 500만 원에서 100만 원을 차감하여 400만 원만 납부하면 된다.

세액공제와 세액감면의 차이

구분	세액공제	세액감면
개념	일정 금액을 공제 (계산된 세액과 관계없음)	계산된 세액에 일정 비율을 공제
이월여부	10년간 이월	이월 안 됨
예시	1인당 1,450만 원 공제 (계산된 세액 1,000만 원인 경우 1,000만 원 감면, 450만 원 이월)	세액의 20% 감면 (계산된 세액 1,000만 원인 경우 200만 원 감면)
기한후신고시	적용가능	적용배제
사례	고용증대세액공제 연구인력개발비 세액공제 통합투자세액공제	중소기업특별 세액감면 창업중소기업 세액감면

세법상 공제받지 못한 세액공제는 10년간 이월할 수 있다. 즉, 세액공제는 미래의 세금을 줄일 수가 있다. 하지만 세액감면은 해당하는 연도에 혜택을 보지 못하면 사라진다. 그리고 법인세, 종합소득세를 기한 내 신고하지 못하여 기한후신고를 하는 경우에 세액공제는 적용할 수 있지만 세액감면은 적용할 수 없다. 또한 개인사업자의 경우 복식부기의무자가 사업용계좌를 신고하지 않거나 현금영수증 가맹의무자가 가맹하지 않은 경우에도 세액감면 적용이 되지 않으니 주의해야 한다. 이렇게 세액공제와 세액감면의 개념은 다르지만 둘 다 세금을 줄여주는 고마운 제도다.

만약 세금신고 시 세액공제, 세액감면 적용을 놓쳤다고 해도 방법은 있다. 바로 경정청구를 하면 된다. 기존 신고를 제대로 다시 신고하여 과다하게 납부한 세액을 돌려받는 것이 경정청구다.

세금 신고 후 5년 내 경정청구를 할 수 있으니 사업자는 기한이 지나기 전에 돌려받을 세금이 있는지 확인해보는 것이 필요하다. 주의할 점은 이런 세액공제, 세액감면 규정은 정책적 목적에 따라 매년 변경될 수 있다는 점이다. 혜택이 강화되기도 하고 없어지기도 하니 매년 확인해야 한다.

조세제한특례법에는 여러 가지 세액공제, 세액감면 규정이 있다. 그중에서도 2025년 기준 창업중소기업 세액감면, 통합고용세액공제, 연구개발비 세액공제 규정을 소개하려 한다.

창업중소기업 세액감면

절세혜택이 아주 큰 제도를 소개하겠다. 바로 창업중소기업 세액감면이다. 국가는 창업을 장려하기 위해 창업한 기업에게 세액감면의 혜택을 주고 있다. 이 세액감면 요건에 해당하는 창업기업은 큰 혜택을 받을 수 있다. 창업 후 5년 동안 50~100%까지 세금 감면혜택을 받을 수 있다. 만약 100%의 세금감면을 받는다면 5년간 세금 한 푼 없이 사업을 할 수 있다. 이렇게 절세를 많이 할 수 있기에 창업을 준비하는 사람은 이 제도를 반드시 알아야 한다.

하지만 자칫 잘못 요건을 판단하여 감면대상에 해당하지 않는데 감면을 받았다면 추후 가산세가 크게 나올 수 있으니 주의해야 한다. 세액감면을 받기 위해 창업업종과 창업자의 나이, 창업지역, 세법상 창업에 해당하는지 등을 고려해야 한다. 우선 창업업종을 따져봐야 한다. 모든 업종이 감면대상이 되는 것이 아니다. 국가에

창업중소기업 감면율

수도권과밀억제권역 외		수도권과밀억제권역 내		창업벤처중소기업
청년	비청년	청년	비청년	
5년	5년	5년	-	5년
100%	50%	50%		50%

서 창업을 장려하는 업종으로 창업해야 한다. 제조업, 통신판매업, 음식점업, 정보통신업이 대표적인 감면업종으로 이 업종들은 세법에 열거되어 있다.

세법에서는 원시적으로 사업의 창출효과가 있어야 창업으로 본다. 따라서 기존사업을 양도받았거나 폐업 후 재개업했거나 법인전환했거나 업종을 추가한 경우에는 창업에 해당하지 않는다. 기준에 맞는 업종을 창업했다면 창업지역과 창업자의 나이에 따라 감면율이 달라진다.

지방에서 창업하면 큰 감면혜택을 주고 있고 청년에게는 더 큰 혜택을 주고 있다. 여기서 청년은 만 15세에서 만 34세를 말한다. 군복무기간도 최대 6년까지 고려해준다. 만약 청년이 수도권과밀억제권역 안에서 창업하면 5년간 50%의 감면을 받을 수 있으나 수도권과밀억제권역 밖에서 창업하면 5년간 100% 감면혜택을 받을 수 있다. 따라서 가급적 수도권과밀억제권역 밖에서 창업하는 것이 좋다

청년이 아닌 사람이 수도권과밀억제권역에서 창업하면 감면을 받지 못한다. 하지만 방법은 있다. 이럴 때는 창업 후 3년 내 벤처

인증을 받으면 5년간 50%의 감면을 받을 수 있다. 벤처인증에는 유효기간이 있다. 따라서 5년간 감면혜택을 유지하기 위해서는 벤처인증 유효기간 만료 전에 갱신을 해주어야 한다.

고용이 늘어나면 받는 혜택, 통합고용세액공제

기업의 고용을 장려하는 목적으로 세법에는 다양한 고용관련 세액공제 규정이 있었다. 이 규정들이 2023년부터 통합고용세액공제로 합쳐지고 혜택도 커졌다. 전년 대비 고용인원이 증가한 경우에는 세액공제를 받을 수 있다. 중소기업의 경우 근로자 1인당 850만 원에서 1,550만 원의 금액을 세액공제받을 수 있다.

청년을 채용한 경우에는 혜택이 더욱 크다. 수도권에 소재한 회사의 근로자 수가 청년이 아닌 자가 1명 늘어나면 850만 원의 세액공제를 받을 수 있으나, 청년이 1명 늘어나면 1,450만 원의 세액공제를 받을 수 있다. 고용인원이 줄지 않는다면 해당금액을 총 3년간 세액공제받을 수 있다. 혜택이 상당히 큰 편이다. 정규직 전환자나 육아휴직 복귀자가 있으면 중소기업은 추가적으로 1,300만 원 공제도 받을 수 있다.

사후관리 규정도 있다. 세액공제를 받고 2년 내 고용인원이 줄어들면 공제받았던 금액이 추징된다. 추징되더라도 이자나 가산세는 적용되지 않는다. 사후관리 기간 동안 채용했던 직원이 퇴사할 수도 있으나 대체자를 채용하여 고용인원을 유지하면 추징되지 않는다. 세액공제를 받은 금액에 대해서는 20%의 농어촌특별세를

통합고용세액공제

구분	공제액			
	중소		중견	대기업
	수도권	지방		
상시근로자	850만 원	950만 원	450만 원	-
청년정규직, 장애인, 60세이상, 경력단절여성 등	1,450만 원	1,550만 원	800만 원	400만 원

납부해야 한다. 만약 1,000만 원의 세액공제가 적용되어 세금이 줄어들면 다시 200만 원의 농어촌특별세를 내야 한다. 따라서 실제로는 세액공제 금액의 80%만 절세효과가 있다. 세액공제 금액 중 해당 연도에 혜택을 받지 못한 부분은 10년간 이월하여 공제받을 수 있다.

R&D투자하면 받는 혜택, 연구개발비 세액공제

R&D를 활성화하기 위해 기업이 연구개발활동을 하면 세액공제의 혜택을 주고 있다. 자체 연구개발에 대해 세액공제를 받기 위해 기업은 우선 연구개발전담부서나 기업부설연구소를 설치해야 한다. 이 전담부서에서 근무하는 전담연구원의 인건비, 재료비, 시설임차료 등의 비용에 대해 중소기업은 25%의 공제를 받을 수 있다. 예를 들어, 연구개발비를 1억 원을 지출한다면 2,500만 원의 세금을 줄일 수 있다. 신성장연구개발비와 원천기술연구개발비는

최대 40%까지 공제를 받을 수 있다. 자체연구개발비가 아닌 연구소, 대학 등 외부기관에 위탁한 연구개발비에 대해서도 동일하게 세액공제가 적용된다.

이 세액공제도 혜택이 큰 만큼 주의할 사항들이 많다. 우선 연구개발계획서, 연구개발보고서, 연구노트를 작성하여 5년간 보관하여야 한다. 세액공제 대상 인건비는 연구개발활동에 전담하는 연구원들의 인건비만 가능하다. 영업, 행정업무 등 다른 업무와 겸직하는 경우에는 대상에서 제외된다. 지분을 10% 초과하여 보유한 임원의 인건비도 대상에서 제외된다. 정부지원금을 받아서 지출한 연구개발비도 세액공제 대상에서 제외된다. 이런 사항들을 세액공제 적용할 때 반드시 주의해야 한다. 괜히 잘못 공제받았다가 가산세가 크게 나올 수 있다.

통합고용세액공제와 달리 연구개발비세액공제로 세금을 줄여도 농어촌특별세가 부과되지 않는다는 것은 장점이다. 또한 연구개발비세액공제 역시 해당 연도에 다 적용받지 못한 부분은 10년간 이월하여 공제받을 수 있다.

불필요한 가산세를 내지 않아야 한다

사업자가 세법규정을 잘 준수하도록 유도하기 위해 다양한 가산세규정이 있다. 아무리 비용이 많고 세액공제를 잘 적용해도 가산세가 많이 나오면 절세를 할 수 없다. 따라서 세법상 의무를 잘 지켜야 한다. 세법규정을 몰라서 못 지켰다는 것은 가산세 감면의 이유가 되지 않는다. 세법에는 다양한 가산세 규정이 있지만 사업자가 알아야 할 대표적인 가산세 항목 몇 가지를 소개하겠다.

세금을 기한 내에 신고하지 못하면 무신고 가산세가 발생한다. 납부세액의 20%와 수입금액의 0.07% 중 큰 금액을 가산세로 납부해야 한다. 세금을 기한 내에 신고는 하였으나 과소하게 신고한 경우에는 납부세액의 10%를 과소신고가산세로 납부해야 한다. 또한 세금을 기한 내 납부하지 못하면 납부지연 가산세가 추가로 발생한다. 납부하지 못한 금액에 하루당 0.022%의 가산세가 붙는다. 납부일이 계속 늦어지면 이 가산세는 계속 커져 세금이 눈덩이처럼 불어난다. 기한후신고나 수정신고를 빨리하면 10~90%의 가산세 감면도 받을 수 있다.

따라서 모든 세금을 기한 내에 제대로 신고하는 것이 가산세를 내지 않는 방법이다. 적격증빙을 받지 못한 경우에는 2%의 가산세가 발생한다. 3만 원 이하는 간이영수증으로도 비용처리 가능하지만 3만 원을 초과한 경우에는 반드시 세금계산서, 신용카드, 현금영수증 등 적격증빙을 받아야 한다.

업무용승용차가 있으면 법인세, 종합소득세 신고 시 업무용승용차 관련 비용 명세서를 제출해야 한다. 모든 법인사업자와 개인사업자 중 복식부기의무자가 제출대상이다. 업무용승용차 관련비용 명세서를 미제출한 경우에는 관련 비용의 1%가 가산세로 발생한다. 현금영수증에 미가입하였거나 의무발급자가 발급을 하지 않은 경우에는 가산세가 발생한다. 미가입하면 수입금액의 1%, 의무발급자가 발급하지 않으면 20%의 가산세가 발생한다. 현금영수증 가산세는 상당히 큰 편이니 놓치지 말고 발급해야 한다.

법인사업자의 경우 법인세 신고 시 주주 변동내역을 반드시 신고해야 한다. 변동내역이 있는데 주식등변동상황명세서를 제출하지 않은 경우에는 액면가의 1%에 대한 가산세가 발생한다. 만약 과세기간 중 증자나 양도거래가 있었는데 신고하지 않았다면 액면금액에 따라 가산세가 상당히 클 수 있다.

사업용차, 페라리 타도 괜찮을까?

> 사업가 나상식 씨는 나름 고생하여 사업을 안정시켰다. 어느 정도 먹고 살 만해지니 자동차를 바꾸고 싶어졌다. 주위 사업하는 사람들보니 외제차를 타는 사람이 많다. 언제부터 이렇게 외제차가 많아졌을까? 고객 만나러 갈 때도 기존 차가 오래돼서 왠지 기가 죽는 기분이 들었다. 나도 좋은 차를 타고 싶은데 세법상 괜찮은 건지 걱정되기도 한다.

사업하면서 업무상 자동차가 필요한 경우가 생긴다. 주위 사업하는 사람들을 보면 간혹 비싼 외제차를 타기도 한다. 그렇게 비싼 차를 타도 탈세는 아닌지, 비용처리는 가능한 것인지 궁금할 것이다. 어느 정도 비싼 차까지 타도 괜찮은 걸까? 검색해보면 자동차의 종류와 가격은 천차만별이다. 페라리, 람보르기니와 같은 소위 슈퍼카를 타도 괜찮을까?

사업용자동차라는 것은 업무상 필요에 따라 이동수단이 되는 도구다. 하지만 자동차라는 것은 그 이상의 의미가 있다. 이동수단이기도 하지만 사업자의 품위유지, 자기만족 등 개인의 욕구가 반영되는 자산이기도 하다. 사업자들이 자동차를 사업 목적으로 사용하기도 하지만 때로는 개인적인 목적으로 이용하기도 한다. 출퇴근할 때나 거래처를 만날 때도 사용하지만 골프를 치거나 가족과 여행을 갈 때도 사용한다.

세법에서는 사업용차의 무분별한 비용처리를 막기 위해 여러 제한규정을 마련하고 있다. 따라서 사업을 하는 우리는 현명하게 사업용차를 활용하는 방법을 알아야 한다. 타고 싶은 자동차도 타며 최대한 절세도 많이 해야 한다.

법인세·소득세법상 사업용차 규정부터 알자

법인세법과 소득세법에서는 사업용차의 무분별한 비용처리를 막기 위해 비용인정의 한도를 설정했다. 사업용차 1대당 감가상각비는 1년에 800만 원이며, 감가상각비를 포함한 차량유지비의 총 한도는 1년에 1,500만 원이다. 이런 차량유지비에는 주유비, 보험료, 수리비, 통행료, 자동차세 등 사업용차 관련 비용이 모두 포함된다.

따라서 그 한도를 초과하여 사용하면 초과하는 금액은 비용인정을 받을 수 없다. 세법상 사업용차 감가상각은 5년 정액법을 적용하도록 강제되어 있다. 1년에 800만 원의 감가상각비 한도가 있으니 역산하면 취득가액 4,000만 원 정도의 차량은 한도 초과 없이 매년 비용처리 가능하다. 취득가액 4,000만 원 정도면 웬만한 중형차 정도는 괜찮다.

만약 구매한 차량이 4,000만 원이 넘는다면 한도 초과가 발생한다. 그럴 때는 앞서 소개한 운행기록부를 작성하는 것이 좋다. 이 운행기록부에 사업용차의 사용자와, 사용목적, 사용일자, 운행내역을 작성해서 관리하면, 연 1,500만 원의 한도를 적용받는 것이 아니라 차량관련 전체 비용을 업무용 사용비율에 따라 비용으로 인정받을 수 있다. 작성하는 것이 번거롭긴 해도 비싼 차를 탄다면 좀 더 많은 금액을 비용을 인정받아 세금을 줄이는 방법이다.

이렇게 작성한 운행기록부는 보관했다가 추후 과세관청에서 요청하면 제출해야 한다. 운행기록부를 작성했어도 감가상각비 연 800만 원 한도는 동일하다. 만약 감가상각비가 연 800만 원을 초과하면 당해년도에는 비용처리가 되지 않지만, 한도초과액은 5년간 감가상각이 완료된 이후년도부터 연 800만 원 한도로 비용으로 처리된다.

또 세법에서는 사업용차 전용보험 가입의무를 강제하고 있다. 사업용차에 대해 임직원전용보험 가입의무를 두어 가족 등 제3자가 타는 것을 막고 있다. 법인사업자는 법인차 전부 임직원전용보험에 가입해야 하고, 복식부기의무자인 개인사업자의 경우 1대를 제외한 나머지 사업용차는 임직원전용보험에 의무적으로 가입해야 한다. 만약 임직원전용보험 의무가입 대상자가 가입하지 않으면 사업용차 관련 비용을 제대로 처리할 수 없으니 주의해야 한다.

간혹 임직원전용보험 의무가입인지 몰라서 일반 자동차보험을 가입한 사업자들도 있다. 안타깝지만 몰랐다고 해서 비용처리가 되는 것은 아니다. 개인사업자 중 간편장부대상자는 이런 사업용차 관련 규정을 적용받지 않는다. 간편장부대상자는 비용처리의 한도도 없고 임직원전용보험 가입의무도 없다. 간편장부대상자는 소규모 사업자이기에 사업용차 비용처리를 제재하지 않는다.

부가가치세 매입세액공제는 안 된다

법인세법과 소득세법뿐 아니라 부가가치세법에서도 사업용차에 대해 규제하고 있다. 부가가치세 계산구조를 보면 사업용 매입에 대해 매입세액공제를 해주어 납부할 부가가치세를 줄여주게 된다. 사업자는 매입세액공제를 많이 받아야 부가가치세 세금부담이 줄어든다.

그런데 부가가치세법에서는 사업용차 관련 매입세액을 공제해주지 않는다. 법인세법이나 소득세법처럼 인정되는 한도가 있는 것이 아니다. 부가가치세법은 차량 관련 매입을 일괄적으로 전액 불공제 처리한다. 따라서 사업용차 관련 비용을 아무리 많이 지출해도 부가가치세를 줄이는 효과는 전혀 없다. 부가가치 매입세액공제는 사업과 관련된 매입을 공제해주는 것인데, 사업용차 관련 매입은 사업용과 개인용의 구분이 모호하기 때문에 일괄적으로 공제해주지 않는 것이다.

앞서 보았던 업무추진비도 마찬가지다. 부가가치세법에는 업무추진비 관련 매입도 일괄적으로 공제해주지 않는다. 업무추진비는 사업상 목적도 있지만 유흥적 성격도 있는 지출이기 때문이다. 사업용차 관련 지출이나 업무추진비는 사용처나 금액 기준 등 합리적인 규정을 설정하여 매입세액 공제를 허용하는 것이 합리적이라 생각하지만 안타깝게도 현행 제도는 그렇지 못하다.

사업용차 절세방법 및 주의해야 하는 점

이렇게 법인세법, 소득세법, 부가가치세법에 사업용차 제재규정이 존재한다. 따라서 사업자는 부가가치세 매입세액공제도 받지 못하고 많은 금액을 자유롭게 비용처리하지도 못한다. 하지만 한도 없이 관련 비용을 전부 비용처리하는 방법도 있다. 바로 이런 사업용차 규정을 적용받지 않는 차를 타면 된다.

이런 차량에는 경차나 9인승 이상 승합차, 화물차 등이 있다. 이런 차를 타면 부가가치세 매입세액도 전액 공제되며 법인세, 소득세법상의 한도 규정도 적용받지 않는다. 따라서 절세만을 생각하면 경차나 9인승 카니발을 타는 것을 추천한다. 사업용차를 타면서 가장 절세하는 방법이다.

만약 외제차를 타고 싶으면 중고차를 구매해서 타는 것도 방법이다. 중고차를 구매해도 사업용차 관련 세법규정이 적용되는 것은 동일하다. 비용처리의 한도가 있는 것도 동일하다. 하지만 신차보다 중고차의 차량가격이 낮기 때문에 비용처리의 한도초과가 덜 발생한다. 중고차 비용처리를 위해서는 관련 증빙을 잘 구비해야 한다. 만약 중고차매매사업자로부터 중고차를 구매했다면 세금계산서를 받으면 되고, 개인으로부터 중고차를 구매했다면 계약서, 송금증, 차량등록증 등 관련 서류를 잘 구비하면 된다.

사업용차를 보유하다가 판매하는 경우에 주의할 점이 있다. 사업용차 판매가액에 대해 10%의 부가가치세가 과세되기 때문이다. 사업용차를 구매할 때는 부가가치세를 공제해주지 않지만 팔 때는 10%의 부가가치세를 내라고 하니 참 억울한 규정이다. 하지만 현행 세법이 이런데 어쩌겠는가? 만약 사업용차를 구매 후 단기간에 다시 팔 계획이 있다면 차를 구매하는 것보다 렌트를 이용하는 것이 현명한 방법이다.

사업용차를 타는 방법은 직접 구매하거나 빌리는(리스, 렌트)방법이 있다. 이 중에서 어느 방법이 더 절세하는 방법인지 궁금할 수 있다. 결론적으로 말하면 구매, 리스, 렌트 모두 동일한 세법규정이 적용되기에 어느 방법이 절세에 더 유리하지는 않다. 동일한 한도가 적용되며 보험가입의무가 있는 것도 동일하다. 따라서 어떤 방법이 나에게 맞을지는 그 외의 요소들을 고려하여 선택하면 된다. 사업용차를 일시불로 구매하는 것이 투입되는 비용은 제일 적다. 할부 이자나 리스료, 렌트료의 수수료를 부담하지 않기 때문이다.

하지만 일시불로 구매하는 경우에는 현금 유동성까지 고려해야 한다. 그리고 리스는 부채로 잡히기에 대출한도에 영향을 주는 것을 고려해야 하고, 렌트는 운전자의 보험경력을 인정받지 못한다는 점을 고려해야 한다. 회사에서 한 명이 아니라 여러 사람이 같이 타는 사업용차라면 사고 발생 시 책임을 면할 수 있는 렌트가 유리할 수 있다. 렌트는 '하', '허', '호' 번호판을 사용하기에 취향에 따라 호불호도 있을 수 있다. 이런 다양한 사항을 고려하여 선택하면 된다.

사업용차로 슈퍼카 타고 싶은데 괜찮을까?

사업용차로 페라리나 람보르기니 같은 슈퍼카를 타도 될까? 물론 세법에서 슈퍼카를 타지 말라는 규정은 없다. 위에서 보았듯이 사업용차 비용인정의 한도 규정이 있고 한도 초과한 부분에 대해 세금을 추가적으로 납부하면 된다. 단순히 숫자만 계산해 본다면 법인사업자가 법인에서 월급을 받아 많은 세금을 내고 슈퍼카를 사는 것보다 법인명의의 차를 타고 한도 초과 부분에 대한 세금만 납부하는 것이 더 이익이다.

하지만 다른 부분도 고려해야 한다. 우선 슈퍼카는 너무 눈에 띈다. 회사가 슈퍼카를 보유하고 있으면 과세관청이 주목할 것이고, 괜한 세무조사가 나올 수도 있으니 주의해야 한다. 간혹 슈퍼카를 소유한 법인 대상으로 세무조사를 실시한다는 기사가 나오기도 한다. 괜히 긁어 부스럼 만들 필요는 없다. 또 2024년부터 차량가액 8,000만 원이 넘는 법인차는 연두색 번호판을 부착하도록 되어 있다. 이는 낙인효과를 줘서 사업용차를 개인용도로 사용하는 것을 막기 위함이 목적이다. 연두색 번호판을 부착한 슈퍼카를 타고 자랑하기 어려울 수 있다.

최소한의 세금공부

초판 1쇄 2025년 11월 14일
초판 3쇄 2025년 12월 29일

지은이 조문교
펴낸이 허연
편집장 유승현

책임편집 이예슬
편집부 정혜재 김민보 고병찬 장현송 민경연
마케팅 한동우 박소라 김영관
경영지원 김정희 오나리
디자인 김보현 한사랑

펴낸곳 매경출판㈜
등록 2003년 4월 24일(No. 2-3759)
주소 (04557) 서울시 중구 충무로 2(필동1가) 매일경제 별관 2층 매경출판㈜
홈페이지 mkbook.mk.co.kr   **스마트스토어** smartstore.naver.com/mkpublish
페이스북 @maekyungpublishing   **인스타그램** @mkpublishing
전화 02)2000-2612(기획편집) 02)2000-2646(마케팅) 02)2000-2606(구입 문의)
팩스 02)2000-2609   **이메일** publish@mkpublish.co.kr
인쇄·제본 ㈜M-print 031)8071-0961
ISBN 979-11-6484-827-0(03320)

© 조문교 2025

책값은 뒤표지에 있습니다.
파본은 구입하신 서점에서 교환해 드립니다.